KB266770

윤리
딜레마 탈출

이익충돌(conflicts of interest)의 지혜

즐거운지식 38

윤리 딜레마 탈출

이익충돌(conflicts of interest)의 지혜

곽형석 지음

이담 Books

이 글을 쓰게 되어 기쁘기 그지없다. 나는 이 책을 워싱턴의 아메리칸 대학의 국제범죄와 부패연구소(Transnational Crime and Corruption Center)에서 초빙연구원(adjunct faculty)으로 정부윤리 문제를 연구하면서 쓰게 되었다.

흔히 윤리가 무엇이냐는 질문을 하게 된다. 그러나 누구도 자신 있게 한마디로 그 해답을 말할 수 없다. 필자는 지난 2006년 워싱턴의 ABA(American Bar Association)에서 미국 대법관들조차 윤리적이란 것을 자신의 신문 대금까지 재산 등록하는 것으로 갈음하여 답하는 것을 들은 적이 있었다. 윤리란 멀리 있는 것이 아니고 우리 일상생활 속의 사소한 데에 있다는 의미였다. 윤리란 우리 일상생활의 문제가 아닌 의식의 문제로만 생각하고 있었던 나로서는 신선한 충격이었다.

윤리란 일상생활에서 옳고 그름을 판단하는 방향을 제시해 주는 것이며 스스로의 책임과 의무를 이행, 실천할 수 있도록 하는 것이다. 우리가 알고자 하는 공직윤리 따라잡기는 공직과 윤리의 개념을 나누어 생각할 수 있다. 공직은 무엇인가? 공직을 지탱하는 공익은 무엇이며 공직을 수행하는 공무원의 행동은 공익만을 위한 것인가?

공공기관의 정책결정, 행정행위가 공공기관 구성원인 공무원에 의해 행해지므로 공무원의 행위 가운데 국민에게 수용될 수 있는 기준을 공직윤리의 내용으로 정립하여야 한다. 이러한 행위기준이 지속적으로 인정될 때 윤리적 원칙이 형성되고 공무원은 이에 따르게 된다.

현대의 가장 중요한 사안, 신뢰는 정부윤리와 직접적으로 연결되는 경우가 많다. 국민들은 보다 책임 있고 성실한 정부를 요구하며 정부의 윤리 문제가 드러나면 이에 분노한다. "공무원은 어떻게 행위를 할 것이냐?" 특정한 공무원의 행위에는 동기와 결과가 함께 포함되어 있다. 다시 말하면 주관적 행위를 객관화하여 분석하여 보면 동기와 결과로 나누어진다. 공무원의 행동결과를 그 공무원을 움직인 동기로 분석할 때 명확해진다. 공무원의 행동에 대한 윤리적 관점은 결과로 나타난 행동이 아니라 그 행동을 유인한 동기에 대한 관심으로 전환되었다.

현시대 상황은 우리 사회의 청렴성(integrity)을 회복하고 정부가 국민의 신뢰(public confidence)를 얻기 위해서 어떤 새로운 윤리적 메커니즘을 구축해야 하는 출발점에 서 있는 것 같다. 이러한 시도는 공직자 재산등록, 행동강령의 운영, 백지위임신탁제 등으로 진행되고 있다고 해도 과언이 아니다. 그럼에도 불구하고 우리의 공직윤리가 아직 서구사회와 같이 이론적인 틀에 의한 전면적인 모습을 갖추지 못하였고 공무원들의 의식에 내면화되지도 못하였다. 물론 서구사회와 우리는 문화적 배경 및 공직사회를 둘러싼 기본적 인프라가 다르다는 점에서 그 차이가 있음을 인정하지 않을 수 없지만 이제 부패를 바라보는 국민들의 의식구조가 서구시민들의 의식구조와 별반 큰 차이가 없다는 점을 기억해야 한다. 국민들의 공직사회에 대한 요구와 기대가 과거와 같은 윤리의 틀로는 국민의 지지와 신뢰를 끌어내기 어렵게 되었다. 이 점이 공직사회에 새로운 공직의 윤리체계를 구축해야 하는 당위성이다.

나는 미국의 공직윤리체계를 연구하면서 이러한 의문점들을 하나하나 풀어 가게 되었다. 혹자는 2,000년 전의 로마에 의한 평화는 이제 미국에 의한 평화로 바뀌었다고 서슴지 않고 이야기한다. 미국의 일부 정치인과 언론인은 이제 미국이 로마제국을 지향해야 할 때임을 숨기지 않는다. 무엇보다도 역사상 유례없는 경제위기 아래에서 미국은 기업가적 에너지와 역동적인 경제가 힘의 근원이라며 국민들로부터 신뢰 받을 수 있는 투명하고 강력한 윤리체계의 구축을 위해 노력하고 있다.

이러한 미국의 윤리체계는 1961년 J. F. Kennedy 대통령의 행정명령이 윤리개혁의 시초였으며 1970년대 Nixon 대통령의 Watergate 사건으로 무너진 정부 신뢰를 회복하기 위해 투명하고 강력한 예방장치들을 법제화하였다. 윤리규정 위반이 단순한 공무원 개인의 양심의 문제가 아닌 정부의 신뢰를 훼손하는 차원으로 확대하게 된 것이다.

미국의 청렴의 핵심원리는 '이익충돌(conflict of interests)' 메커니즘이다. 공직은 본래 국민에 의해 수권된 것이며 공무원이 사적 이익을 위해 공적 임무에 영향을 미쳐서는 안 된다는 것이다. 이것은 국민들로부터 정부의 신뢰를 확보할 수 있는 현대 행정의 결정판으로 보아도 과언이 아니라 생각된다.

공무원이 공적 업무를 수행하면서 관련 기업으로부터 퇴직 후의 취업을 제의받았을 때, 공무원이 가족의 이익과 연결된 업무를 수행할 때 등 과거의 금전적 이익과는 다른 형태의 이익이 공무원에게 제공될 수 있다.

이러한 경향은 공무원의 사익이 금전적 이익(Pecuniary interest)과 같은 객관적 기준(Objective standard)에서 주관적 기준(Subjective standard)으로 전환하고 있는 것을 반영하고 있다. 이익충돌은 일반적인 사회수준보다도 높은 윤리적 기준인 동시에 공직 업무에 수반되는 본질적인 윤리적 딜레마를 사전에 차단하고, 공적 업무를 수행함으로써 불필요하게 제기되는 윤리적 논란을 사전에 차단하여 공공의 신뢰를 유지해 나갈 수 있다.

사실 이익충돌의 이론이 미국에서 논의되기 시작한 것은 1960년대부터이다. 1962년 제정된 이익충돌법(conflict of interest law)은 처벌과 예방의 두 가지 목적을 가지고 있다. 이익충돌 위반 행위에 대해 어떻게 처벌할 것인지를 두고 행정적 징계(administrative sanction)에 그칠 것인지, 형법(criminal law)이나 민법(civil law)을 적용할 것인지를 놓고 수년 동안 논의한 결과, 형법(criminal law)을 적용키로 하였다.

또한, 이익충돌법은 정치인, 공무원이 공적 활동을 수행하면서 윤리적 딜레마 상황에 놓였을 때 사전에 갈등 상황을 해결하기 위한 다양한 회피 메커니즘을 이용하는 예방의 목적도 있다. 이익충돌 예방을 위한 지침, 법령 등은 이익충돌의 존재를 확인(identification)시키고 해결(resolution)하도록 돕는 것이다.

나의 아이디어를 토론하고 연구할 기회를 주었던 아메리칸 대학의 국제범죄와 부패연구소의 Dr. Louise Shelley 소장, 제퍼슨 연구소의 Dr. Robert Orttung의 연구지원이 없었다면 이 책은 나오지 못했을 것이다. 미국 연수를 다녀온 지 벌써 2년이 지났다. 다시 그때의 생각과 우리 시대의 과제를 생각할 귀중한 기회를 주신 한국학술정보(주) 채종준 사장님께 깊은 감사를 드린다.

2010년 2월
곽형석

I. 공직윤리 따라잡기

1. 정부와 윤리

　정부수립 이후 현재까지 한국은 경제성장, 민주화, 복지사회 건설 등의 국가적 과제를 수행하였으며, 이러한 과정에서 가장 중요한 변인은 국가의 행정을 맡고 있는 공직자의 가치관 및 윤리의식이라 할 수 있다. 역대 정부는 올바른 공직윤리관을 확립하기 위해 많은 노력을 하였으나 아직까지 공직사회의 윤리부재현상은 계속 나타나고 있다. 그렇다면 그의 근본적인 원인은 어디에 있을까? 공직자의 의식과 행태를 결정하는 공직윤리는 국가의 본질과 국가의 사무를 수행하는 공무원의 사명에 관한 것이다. 공자의 국가론에서 서구의 국가계약론이 등장하기에 이르기까지 공직윤리가 지향해야 할 가치는 동일하다. 즉 행정에 필연적으로 내재하는 문제이고 행정의 근원적인 문제로 인식된다. 그렇다면 공직윤리를 따라잡는 방법에는 어떤 것이 있을까? 이를 구체적으로 살펴보면 다음과 같다.

　첫째, 고전적인 접근으로 행정의 목적을 국가 발생의 기원에서 찾고 국가 목적의 실현과 공익의 구현으로 공직윤리를 접근하는 것이다.

　둘째, 국가 간 윤리적 인프라를 비교하여 공무원도 국민의 일부이기 때문에 공직자의 의식구조가 진공상태에 있는 것이 아니고 사회의 윤리수준을 반영하고 있다는 관점이다.

(1) 공직윤리와 정부신뢰의 가치

  정부는 왜 국민으로부터 신뢰를 받아야 하는가? 일찍이 영국의 철학자 홉스(1588~1679)는 국가권력은 국민에게서 나오며 국민을 무시하고는 국가의 정당성을 세울 수 없다고 주장하였다. 그의 주장은 시민들이 자신의 욕구와 의지를 공정한 힘 있는 자[1])에게 위임하기로 계약하고 자발적으로 통치에 따르는 것이다. 국가는 시민들이 자발적으로 통치에 따르는 '계약'과 '동의'를 전제로 한 것이다. 따라서 시민들에게 국가에 일방적으로 헌신하라고는 강요하지 않는다. 개개인이 자신의 생명을 보존하기 위해서는 언제나 자신의 힘을 사용할 수 있는 게 시민의 자연적인 권리라고 강조한다. 국가에 권리를 양도할 때 목숨을 지킬 권리마저 양도한 것은 아니다.

---

1) 영국의 철학자 홉스(1588~1679)는 이 힘 있는 자를 절대권력, 즉 리바이어던(Leviathan)이라 불렀다. 리바이어던은 구약성서에 나오는 무적의 수중 괴물이다. 홉스는 청교도 혁명이 한창이던 1651년 리바이어던이란 책을 펴내면서 이 괴물을 교회 권력으로부터 해방된 국가에 비유했다.

예를 들어 커다란 여객선이 빙산에 부딪혔다고 가정하자. 승객들의 살아남으려는 이기적 생존본능 때문에 이른바 '만인의 만인에 대한 투쟁'이 야기될 것이다. 이때 힘 있는 자가 사리사욕을 버리고 공평하게 규칙을 정해 조난 작업을 지휘한다면 승객들은 기꺼이 그에게 자신의 권리를 양도하고 자발적으로 통제와 명령에 따를 것이다. 조난된 승객들이 스스로 힘 있는 자의 통제와 명령에 따르는 것은 힘 있는 자가 곧 개인의 이기심과 탐욕 때문에 생기는 무질서를 평정하고 인신보호와 평화라는 공동의 목적을 공정하게 달성하리라는 신뢰가 있기 때문이다.

근대 시민사회의 성립과 정부구성의 원리를 사회계약론 위에 세운 최초의 근대 정치철학자로 평가되는 홉스의 주장의 이면에는 국가가 국민의 계약과 동의의 산물이며 국가의 정당성은 국민의 신뢰로부터 나온다는 이념을 확산하는 데 크게 기여하였다. 토마스 홉스는 통치 권력의 '공적 대리자'를 통치자가 공직에 고용한 사람으로, 자신에게 맡겨진 일에 관해 권한을 지니며, 국가의 인격을 대표하는 사람이라고 밝혔다. 이러한 공적 대리자가 그 권한에 따라 행하는 모든 행위는 국가의 행위이다. 공적 대리자는 공적 이익을 얻기 위해 활동하지만 어느 정도는 자기 자신, 가족, 친구들의 사적 이익을 얻기 위해 정성을 들인다. 그런데 만약 공익이 사익과 배치될 때, 대부분의 경우 사익을 선호하기 마련이다. 인간은 이성보다 정념이 더 강하기 때문이다. 이 점을 살펴볼 때, 공익과 사익이 가장 밀접하게 결합된 곳에서 공익이 가장 크게 향상된다는 결론을 내릴 수 있다.[2]

---

2) 토머스 홉스(신재일 역), 리바이어던, 2007, p.132.

　근대 자유민주주의의 정치사상가로서 국가의 목적과 존재의 정
당성을 제시한 사람은 존 로크이다. 존 로크의 통치론은 현대사회
에서 국가가 왜 존재해야 하는가에 대한 근원적인 질문을 던지고
있다. 국민은 왜 자유와 결별하고 자신을 타인의 권력의 지배와 통
제 아래 복종시키려고 하는 것일까? 시민은 자유와 권리를 가지고
있지만 그 향유가 매우 불확실하고 끊임없이 다른 사람이 침해할
위험에 놓여 있기 때문이라고 분명히 말할 수 있다. 왜냐하면 모든
사람은 평등하고 정의의 엄격한 준수자가 아니므로 재산의 향유가
매우 불확실하기 때문이다. 이로 인해 비록 자유롭지만 지속적인 위
험으로 가득 찬 이 상황을 기꺼이 떠나고자 한다. 따라서 정부(Gove-
rnment)는 사형 및 그 이하의 모든 처벌을 가할 수 있는 법률을 제
정하는 권리와 재산을 규제하고 보전할 목적의 법률을 집행하기
위해서, 그리고 국가를 외적의 침입으로부터 방어하기 위해서 공동
체의 무력을 사용하는 권리와 이 모든 것을 오직 공공선을 위해서
만 행사해야 하는 권리를 가진다.[3] 존 로크는 "정부의 목적은 국민
의 복지(good)이다."고 주장한다. 국민이 정부에 복종할 때 그것은
오직 모든 국민들이 그 자신, 그의 자유 및 재산을 더욱 잘 보존하
려는 의도에서 행하는 것이다. 그러므로 누구든 최고의 권력을 가
진 자는 즉흥적인 법령이 아니라 국민에게 공포되어 널리 알려진,
확립된 일정한 법률로 다스려야 한다. 그리고 공평무사한 공직자
(재판관)를 임명하여 그로 하여금 그러한 법률에 따라 집행하도록
하여야 한다.[4] 통치자는 그 권력을 오직 공동체의 선(善, good)을

---

3) 존 로크(강정인 역), 통치론, 까치, 1996, p.9.
4) 존 로크(강정인 역), 통치론, 까치, 1996, p.123.

 윤리 딜레마 탈출 - 이익충돌(conflicts of interest)의 지혜 -

위해서만 행사한다.

(2) 유교가 바로 국가윤리인가

정부가 국민으로부터 신뢰를 받아야 한다는 사상은 비단 서구 사회에서만 존재했던 것은 아니다. 조선시대 500여 년을 관통했던 통치원리인 논어에서 왕이 어떻게 나라를 다스려야 하는지에 근본적인 해답이 있었다. 자공이 공자에게 "정치란 무엇입니까?"라고 묻자, 공자는 "안보와 경제, 그리고 신뢰"라고 답했다. 자공이 다시 "부득이 버려야 한다면 이 셋 가운데 무엇을 앞세워야 하느냐?"고 묻자, 공자는 "안보를 버려야 한다."고 답했고, 이어 자공이 "또 만일 부득이 버려야 한다면 나머지 둘 중에 무엇을 앞세우리까?"라고 묻자, 공자는 "경제를 버려야지! 예로부터 백성이 죽는 일을 겪지 않은 나라가 없지만 백성들의 신뢰를 얻지 못하면 나라가 설 수 없다."고 답했다.[5] 자공의 정치에 대한 질문과 공자의 대답에서 우리가 생각해야 할 것은 참으로 많다. 이 구절은 정치와 행정이란 국민신뢰를 얻는 것이며 국민들의 신뢰가 경제나 안보보다 더 중요하다는 것을 천명한 구절이다. 현대정부나 과거정부나 한국정부나 미국정부나 국민들의 신뢰를 얻는 것이 부국강병의 요체라는 사실을 반증한 것이다.

---

5) **論語(顏淵)**: 子貢 問政 子曰 足食 足兵 民信之唉. 子貢曰 必r不得已而去 於斯三者何先? 曰 去兵. 子貢曰 必r不得已而去 於斯三者何先? 曰 去食兵. 自古皆有死 民無信 不立.

공자(BC 551~479). 중국 향주 동방문화원 소재.
춘추시대 말기 극기복례의 사상.

　대다수 서양윤리는 이타주의를 도덕적인 것으로 여기며 이기주의는 비도덕적인 것으로 간주한다. 그러나 유교는 이들을 이분법적으로 인식하지 않는다. 인간이 본래 자기 이익을 추구하는 것은 자연적이며 당연한 것이다. 그렇지만 개인 이익과 집단 이익이 충돌할 때 도덕적 딜레마가 발생한다. 유교는 개인적인 이해와 집단 이해 사이에서 발생하는 갈등을 보다 실질적인 방향으로 해결할 수 있다고 본다.

　여기에 유교윤리가 바로 경영윤리가 될 수 있는 것이다. 기업들은 유교윤리가 기본적으로 위계질서와 상호 호혜적인 관계를 기반으로 함을 알아야 한다. 유교윤리는 끊임없이 지식을 습득하고 자기 본연의 역할을 충실히 수행하면서 지속적으로 자기수양을 할 것을 요구하고 있다. 인간관계가 중시되는 조직에서는 개개 구성원들이 윤리적으로 행동해야 하며 각자 개인들은 조직의 공동이익을 추구하는 데 헌신한다. 정부나 기업은 더 나아가 유교가 리더십 윤리임을 알아야 한다.

 윤리 딜레마 탈출 － 이익충돌(conflicts of interest)의 지혜 －

유교는 리더십을 두 측면에서 생각한다. 한 측면은 올바른 행동을 하는 윤리적인 사람이 리더의 길을 걷게 된다는 것이다. 다른 측면은 리더십 그룹인 경영층이 도덕적으로 행동할 것을 요구한다는 것이다. 따라서 정부나 기업의 지도층은 도덕적인 행동을 실천하는 데 솔선수범해야 한다. 그래야 부하직원들에게 탁월한 성과를 요구할 수 있다. 모든 조직 구성원들이 윤리적으로 올바르게 행동하게 될 때 정부나 사회는 성공하게 되는 것이다.

오늘날 우리가 전통문화의 유산이라고 부르는 많은 측면들은 사실상 단기간에 걸친 압축적인 근대화 과정에서 왜곡되어 나타난 현상들이다.서구의 많은 언론들은 정실주의와 연고주의를 유교 문화의 특성이라고 말한다. 유교에서는 공선사후(公先私後)를 가르치지 연고주의와 정실주의를 가르치지 않았으며 성리학자들은 공(公)과 사(私)를 구분하려고 애썼으며 정(正)과 사(邪)를 구분하기 위해 인심, 도심설, 천리, 인욕설을 제기 하였다.

유교 문화 속에서 정실주의와 연고주의를 방지하기 위해 조선시대 제정했던 제도적 장치와 윤리규범을 살펴보면 더욱 극명하게 이해 할 수 있다. 그러한 제도적 장치로 상피(相避)제도와 분경금지법(奔競禁止法)을 들 수 있다.

먼저 상피제도는 공적 업무를 처리하는데 정실 개입에 따른 부정을 방지하기 위해서 근친간에 교제·왕래의 제약을 두었던 제도를 말한다. 즉 일정한 근친 간에는 동일 관청에 근무하는 것을 금지 하였고 , 고시관과 수험생이 되는 것도 금지 하였으며, 또한 재판관과 당사자가 되는 것도 금지 하였다. 그리고 일정한 근친이 아니면서 사사로이 관부에 출입하는 자는 부당한 청탁을 하려는 자

로 간주하여 매 100대에 처하는 규정이 있었다.[6]

또한 분경금지란 다투어 이익을 추구하는 일을 금한다는 뜻이다. 분경금지법은 조선 건국초인 정종 원년(1399)에 제정되어 수정·보완하면서 이후 500여년에 걸쳐 시행된 법이다. 여기에 따르면, 이조와 병조의 통정대부 이상과 절충장군 이상의 자, 이조와 병조의 승지 이상의 직급, 사헌부와 사간원의 관원, 장예원의 수장인 판결사 등의 친·인척은 일정한 범위를 제외하고는 사사로이 사가에 출입하는 것을 금 하였다. 이를 어기면 장(杖) 100대와 유형(流刑) 3천리에 처하도록 규정 했으니 조선시대의 부패방지 제도의 엄격함을 미루어 짐작 할 수 있다. 이로 볼 때 유교사회에도 나름대로 정실주의와 연고주의를 방지하려는 제도적 장치들이 엄존했음을 알 수 있다. 우리가 전통문화의 유습이라고 여기는 것들이 현대한국에서 보다 더 극렬하게 지탄의 대상이 되었음을 알아야 한다.[7]

---

6) 경국대전(刑典) 禁制條
7) 이승환, 유교담론의 지형학, 푸른숲, 2004 p 247-248

2. 공직윤리와 국가경쟁력

많은 국가들은 정부신뢰가 명백히 떨어지고 있음을 경험하고 있다. 시민들은 정부의 권한 행사에서 부정적으로 반응함으로써 정부의 정책결정자에게 신뢰를 보내지 않는다. 이와 같은 소위 '신뢰상실(confidence deficit)'은 공무원들의 사소한 '부정한 행동(inappropriate actions)'에서부터 대형 부패 스캔들(full – scale corruption)에 이르기까지 스캔들이 발생할 때마다 가속화되었다.[8]

우리는 왜 부패를 없애고 공무원의 청렴의식을 고양시켜야 하는가에 대한 근원적인 의문을 제기하게 된다. 공무원의 부패한 행위와 비윤리적인 행위는 행정의 공정성을 크게 훼손하며 궁극적으로 국민으로부터 위임받은 권한에 대한 불신을 낳는다. 작게는 공무원에 대한 불신이 정부, 더 나아가 국가에 대한 불신으로 이어지며 계속된 불신은 국가존립 자체를 어렵게 한다는 것이다. 따라서 공직윤리의 중요성은 아무리 강조해도 지나치지 않으며 청렴은 정부에 대한 신뢰의 요체이며 국가경쟁력의 원천으로 자리 잡고 있다. 선진국의 청렴체계는 그동안 논의한 바처럼 '공직윤리'와 '부패방지'가 상호 보완적으로 운영되고 있다.

---

8) OECD 1996, "Ethics in the Public services": public management occasional papers No.14, p.9.

(1) 정부윤리와 국민신뢰

정부의 청렴성에 대한 국민신뢰(Public Trust)는 정부정책에 대한 국민적 지지를 보증하는 민주주의의 본질이다.[9] 청렴은 공무원의 행동을 명백하고 열정적으로 집행하도록 규제하는 규정들에 의해 고양될 수 있다. 많은 청렴규정들은 공무원이 정책을 결정하고 공적 업무를 수행하는 데 많은 제약을 가하기도 하지만 높아진 청렴성은 정부에 대한 대중적 지지를 더 많이 얻을 수 있게 된다.

많은 윤리규정과 윤리기관은 공무원의 사적 생활에 대해 더 많은 정보를 국민과 언론에 제공하게 되며, 공무원은 항상 외부 감시를 의식하게 된다. 정부 청렴성의 수준은 새로운 윤리규정의 홍수 앞에서 과거에 비해 낮아졌다고 인식하고 있으며 실제로 낮아지고 있다. 예를 들어 미국에서 스캔들이 없었던 Kennedy와 Johnson 행정부 시절의 공무원은 현재 공무원들보다 공익에 대한 헌신과 정직성 면에서 훨씬 뒤떨어진다. 그것은 Kennedy 행정부의 규정과 기준이 현재에 와서 보다 엄격하게 바뀌었기 때문이다.

이러한 기준과 규정의 변화는 비교평가의 또 다른 시각을 드러낸다. 그 당시 합법적이고 공개적이었던 많은 행위가 지금은 불법이 되었으며, 수용되었던 관행이 시간이 지남에 따라 수용하기 어려운 것으로 변했기 때문이다. 국민들은 정부 부패가 어느 정도인지 정확히 알지 못하지만 정부의 통계나 뉴스를 통해 보고 판단한다.

미국 연방정부는 공직 청렴성을 통해 국민신뢰를 회복하고자 가

---

9) G. Calvin Mackenzie, *SCANDAL PROOF: Do Ethics Laws Make Government Ethical* (Washington, D. C., Brookings Institution Press), p.112.

장 종합적이며 공격적인 노력들을 시도하였다. 공공부패의 정의가 확대되고, 언론과 국민들이 정부스캔들에 대해 높은 관심을 보이게 된다. 더욱이 새로이 제정된 청렴관련법과 규정들이 더욱더 엄격하게 적용되며 부정혐의 공무원을 조사하는 조사관들과 검사들 수의 증가로 공무원 기소건수가 증가하는 것으로 나타난다.

사익과 공익이 충돌될 때 인간 본성의 낙관적 견해에 기반을 두고 공익이 우선시되어야 한다는 광범위한 신념이 있어 왔으며, 정치지도자들은 공무원을 임명하는 신념으로, 판사들은 정직을 공직에 봉사하는 핵심적 기준으로 삼았다. 이러한 공익우선 정신은 때때로 공무원이 자신의 경제적 이익을 위해 사소한 사적 삶을 가짐으로써 공적인 희생을 가져오게 된다. 예를 들어 공무원이 규제하는 이익을 가진 사람 또는 조직으로부터 관대한 선물과 서비스를 제공받고 공정한 결정에 영향을 받는 경우이다.

공공 청렴성(public integrity)을 새롭게 강화하고자 하는 정부의 노력은 윤리범위의 확대와 집행력의 확보를 통해 공공신뢰를 높일 필요성에 의해 정당화되었다.

(2) 국민신뢰의 측정

국민들은 어떤 순간에 어떤 주제에 대해 무엇을 생각하는지 정확히 아는 방법은 없다. 그러나 몇몇 대리측정 방법을 통해 정부와 여론에 대한 국민신뢰를 측정하려는 시도가 있었다. 미국 국민들의 인식조사는 지난 40년간의 국민신뢰가 어떻게 변화하고 있는지를 측정하고 있다. 그러나 이러한 목적의 국민인식 조사 설계에서도 그것이 신뢰수준을 정확히 측정해 낸 것인지는 밝혀지지 않았으며 다른 목적의 조사에서 관련 항목을 유추해야만 했다.[10)

　　국민 여론조사(opinion surveys)는 공무원에 대한 청렴성, 동기, 행위에 대한 인식이 정부 성과에 대한 대중적 평가를 내리는 데 큰 역할을 하는 것으로 나타난다. 아래 The Pew Research 연구 결과에 따르면 공무원에 대한 국민의 인식이 바로 정부에 대한 대중적 불신의 가장 중요한 요소라는 사실을 발견하게 된다.

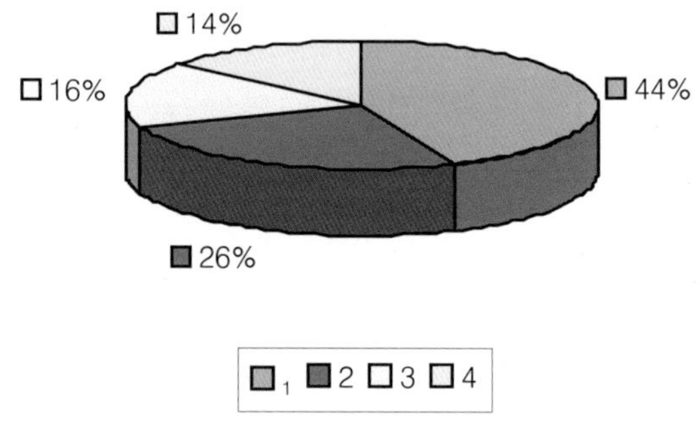

【그림 1-1】 국민의 정부 불신 원인

국민의 정부 불신 원인 항목, 1997[11)

1. 정당의 지도성 또는 정치체계(44%)
   정치인의 부정직성 또는 기망
   정치인 개인의 이익 또는 자신들만을 위한 행위
   의원의 언행 불일치(국민과의 약속 불이행)
   너무 파당적임
   스캔들

---

10) 이러한 조사에서 가장 가치 있는 것은 미국 선거연구(ANES: American National Election Studies)의 일환으로 미시건 대학의 서베이 연구소에서 매년 2년마다 수행하며 정부신뢰지수를 측정이다.

11) Pew Research Center for the people and the press, "Deconstructing Distrust: How Americans View Government"

2. 정부에 대한 비판(26%)
   과도한 정부 지출 또는 신중하지 못한 재정사용
   연방정부가 아무런 일을 행하지 못하는 것
   큰 정부
   규제가 많은 정부
3. 정부 정책(16%)
   높은 조세
   정부의 정책을 싫어함
   정부의 정책 우선성의 잘못
4. 국민의 요구에 반응하지 못하는 정부(14%)
   민생을 돌보지 않는 정부
   국민의 필요나 요구를 반영하지 못하는 정부

실제로 정부에 대한 국민신뢰는 국민여론조사 이외에 실질적인 방법에 의해 추정할 수 있다. 국민들은 말뿐만 아니라 정치적 지지로서 투표를 통해 자신의 행동으로 신뢰를 나타낸다.

지난 40여 년 동안 다양한 지표가 만들어졌지만 미국인들이 정부를 신뢰하는 원인을 찾아내지는 못하였다.[12] 국민들의 행동 가운데 얼마만큼이 윤리 관련 관심에 대한 직접적인 반응인지 확인할 수 있는 분석도구(analytical tools)를 찾을 수 없었다. 그러나 미국 정부가 윤리성의 강화를 통해 국민신뢰를 회복하기 위한 노력을 기울여 왔으나 국민들은 쉽게 설득되지 않았다. 왜냐하면 정부의 신뢰수준은 정당정치와 밀접하게 관련되어 있는데 19세기 이후 미국 정치에서 중요한 구성 요소로 자리 잡고 있는 정당은 지난 수십 년 동안 시민의 요구에 제대로 반응하지 못하였다. 선거에 참여하지 않는 국민들은 정부에 실망을 느껴 그 견해를 나타내는 것으로 보고 있다.

미국 국민이 느끼고 있는 국가신뢰는 기관들(institutions)에 대한

---

12) G. Calvin Mackenzie, *SCANDAL PROOF: Do Ethics Laws Make Government Ethical*(Washington, D. C., Brookings Institution Press), p.108.

신뢰를 총체적으로 나타낸 것이다. 따라서 국민신뢰는 기관에 대한 각각의 신뢰수준을 측정하는 것이 우선되어야 한다.

이러한 조사는 1800년대로까지 거슬러 올라간다. 1824년 Harrisburg Pennsylvanian에서 수행된 지역 여론조사가 최초의 여론조사로 알려졌다. 당시 미국 대통령 선거에서 Andrew Jackson 대통령이 Quincy Adams를 앞서는 것으로 조사되었다. 이어 1969년에 실시된 literary Digest의 국가적 서베이에서는 Woodrow willson 대통령의 당선을 정확히 예측해 냈다. 그러나 서베이상에서 가중치 미적용, 편견의 발생 등 과학적인 방법론으로 한계를 드러냈다.

미국 통계학자 조지갤럽(George Horace Gallup, 1901~1984)의 등장은 여론조사기법의 획기적인 발전을 가져왔다. 1935년 프린스턴 대학에 여론조사연구소를 설립한 갤럽은 갤럽여론조사기법(Gallup Poll)을 개발하여 1936년에 Franklin D. Roosevelt의 당선을 예측해 냈다. 그 당시 언론과 다른 여론조사기관들은 상대후보인 Alf Landon 을 당선자로 예측하고 있었다. 이어 1945년 영국의 총선에서 노동당의 승리를 예측해 냈다. 이후 갤럽조사는 다양한 분야에서 여러 형태의 여론조사를 실시하고 있다.

이러한 국가제도에 대한 신뢰인식 조사는 1973년 이후부터 Gallup에 의해 이루어졌다. Gallup은 미국인들이 가장 신뢰하고 있는 16개 기관을 선정하였다.[13]

---

13) 2009년 Gallup survey method는 1,011명의 성인남녀(18세 이상)를 대상으로 95%신뢰수준(±3 표본오차).

군
2009년도 82%
2002년도 79%
소상공인
2009년도 67%
2002년도
경찰
2009년도 59%
2002년도 59%
교회
2009년도 52%
2002년도 45%
대통령
2009년도 51%
2002년도 58%
대법원
2009년도 39%
2002년도 47%
공립학교
2009년도 38%
2002년도 38%
의료시스템
2009년도 36%
2002년도 38%
형사사법
2009년도 28%
27%
2002년도 27%
신문
2009년도 25%
2002년도 35%
TV뉴스
2009년도 23%
2002년도 35%
금융기관
2009년도 22%
2002년도 19%
노동조합
2009년도 19%
2002년도 26%
보건행정조직
2009년도 18%
2002년도 13%

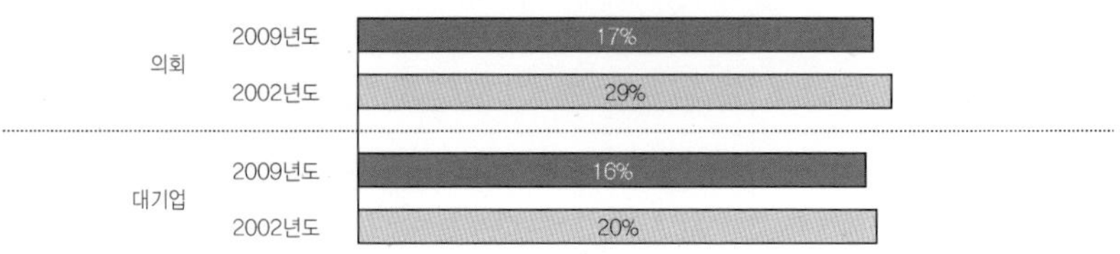

* '대단히 신뢰', '신뢰', '얼마간 신뢰', '매우 신뢰하지 않음'의 답변 중 '대단히 신뢰'·'신뢰' 부분 비율을 %로 나타냄.

【그림 1-2】 미국 기관(institutions)에 대한 신뢰

2009년도 신뢰조사에 따르면 미국 국민들은 변함없이 군을 가장 신뢰하고 있으며 금융권에 대한 신뢰가 여전히 낮은 것으로 나타난다. 군의 신뢰가 상승한 것은 이라크의 정치·군사적인 상황개선과 미군 철수일정의 제시 등으로 국민들의 신뢰를 얻고 있기 때문이다. 경제위기와 자동차회사의 파산 등으로 금융권과 대기업에 대한 신뢰는 하락하였다.

특히 대기업에 대한 신뢰도는 기업 CEO의 역할이 크게 영향을 미쳐 2001년 28%, 2002년 20%에서 2008년 20%까지 20% 대를 유지하다가 2009년 16%로 줄어들었다. 1997년, 1998년에는 소상공인의 신뢰도를 함께 조사했으며, 1997년 소상공인은 63%, 대기업은 28%, 1998년 소상공인은 56%, 대기업은 30%로 월등히 소상공인에 대한 신뢰도가 높았다. 소상공인에 대한 신뢰도는 2008년 60%, 2009년 67%를 기록하였다. 한때 1993년 처음 실시할 때 TV뉴스가 신문보다 신뢰도가 높게 나온 적도 있었으나 2009년도에는 신문이 25%로 TV뉴스 23%보다 높은 것으로 나타났다

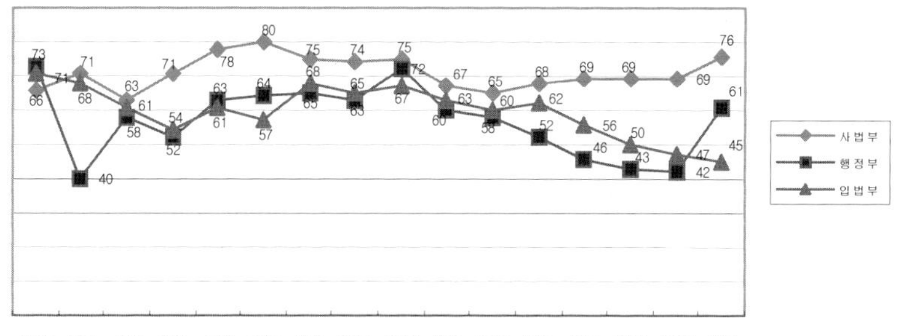

* 자료: 1973~2009년까지 Gallup poll public opinion

【그림 1-3】미국 입법·사법·행정부에 대한 국민신뢰 변화

【그림 1-3】은 대통령이 이끄는 행정부, 대법원을 포함한 사법부, 상·하양원의 입법부에 대한 국민의 신뢰수준을 매년 측정한 것이다. 행정부 신뢰수준은 1974년과 2007년에 매우 낮은 수준으로 나타났다. 1970년대 워터게이트에 이어 몇 차례 의회 스캔들과 베트남 전쟁의 쇼크는 미국 정부에 대한 국민신뢰를 추락시켰다. 미국 정부는 정부에 대한 국민신뢰를 회복하고 높이는 것보다 더 시급하고 중요한 것은 없다는 것을 알게 되었다. 공공 청렴성(public integrity)을 새롭게 강화하기 위해 1978년 정부윤리법을 제정하여 윤리범위를 확대하고 집행력을 담보할 수 있게 되었다. 연방정부의 이러한 노력들은 주정부와 지방정부에 영향을 미쳤다.

2007년에는 이라크전쟁과 의회의 부패스캔들은 행정부의 신뢰도 하락을 가져왔다. 2009년도의 신뢰도를 살펴보면 행정부가 61%, 사법부가 70%, 입법부가 45%로 나타났다. 행정부의 신뢰가 상승한 것은 Barack Obama 대통령에 대한 인기와 새로운 행정부에 대한 기대감이 반영된 것으로 보인다.

갤럽은 오랜 기간의 조사 결과를 바탕으로 대통령의 신뢰는 대통령의 지지율(approval rating)과 직접적으로 관련되고 있음을 밝혀냈다.

【표 1-1】 정직성과 윤리성(Honesty and Ethical standard)에 대한 국민 인식도

	2002년도	2008년도
소방관	90%	-
간호사	84%	84%
군 인	81%	65%
경 찰	68%	56%
약 사	68%	70%
의 사	66%	64%
사무종사원	64%	56%
기술자	60%	-
대학교수	58%	-
치과의사	56%	-
회계사	41%	38%
은행원	34%	23%
언론인	29%	25%
하원의원	25%	12%
기업 경영진	25%	12%
상원의원	25%	-
자동차 기술자	22%	-
주식 중개인	19%	12%
변호사	18%	18%
노조 지도자	17%	16%
보험 판매원	13%	-
광고 종사원	11%	10%
차 판매원	8%	7%
로비스트	-	5%

* 자료: Gallup poll, 직능분야별로 느끼고 있는 정직성, 청렴성의 정도를 '높음, 평균, 낮음'으로 응답. %는 '매우 높음과 높음'으로 응답자

한편, 【표 1-1】은 정직성과 윤리기준(Honesty and Ethical standard)에 대해 국민들이 24개 직능 분야별로 느끼는 정도를 매우 높음/높음, 평균, 낮음/매우 낮음으로 조사하였다. 2002년도 조사를 보면

 윤리 딜레마 탈출 -이익충돌(conflicts of interest)의 지혜-

소방관, 간호사, 군, 경찰, 약사, 의사 등이 높은 윤리기준을 갖고 있으며, 노조지도자, 변호사, 차 판매인이 낮은 것으로 나타났다. 2008년도 조사에서도 비슷한 순위로 나타났으며 로비스트가 가장 낮은 순위를 기록하였다.

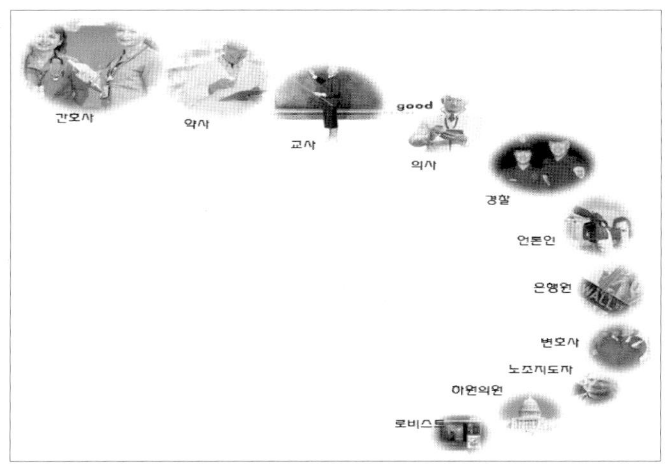

【그림 1-4】 2008년도 미국 직종별 청렴성에 대한 국민인식순위

(3) 우리나라의 국민신뢰 "난 당신을 믿을 수 없다."

정부 수립 60년을 돌아보고 향후 60년의 미래를 예측해 보면 한국 사회가 가장 역점을 두어야 할 부분은 바로 신뢰회복이다. 인터넷 괴담, 극심한 노사 분규 등 한국사회가 수시로 홍역을 치르는 것은 서로를 믿지 못하는 불신의 그늘 때문이다. 한국 사회의 발전을 가로막는 드높은 불신의 벽과 그로 인한 폐해는 사실 새로운 이야기는 아니다. 프랜시스 후쿠야마 존스홉킨스대 교수는 저서인 트

러스트(Trust)에서 한국을 전형적인 低신뢰사회로 꼽았다. 가족주의로 인해 폐쇄적 집단문화와 연줄주의가 만연하게 됐다는 게 그의 설명이다. 그는 또 사회 신뢰도에 따라 선진국과 후진국의 차이가 생기고 신뢰 기반이 없는 나라는 사회적 비용이 급격하게 커져 선진국 문턱에서 번번이 좌절하게 된다고 강조했다.[14]

	부패다	아니다	모름
직위를 이용한 알선 · 청탁	96.7%	2.3%	1%
이권개입	93.1%	4.6%	2.3%
업무상 정보를 이용한 사익 추구	90.1%	7.6%	2.3%
공공용품의 개인적 사용	88.0%	9.1%	2.9%
예산의 목적 외 사용	87.0%	10.0%	3.0%
투명하지 못한 정책 결정	81.3%	13.7%	5.0%
호텔 · 콘도 등 편의제공	71.0%	24.9%	4.1%

* 출처: 국민권익위 2008년도 국민 인식도 조사결과

【그림 1-5】 부패 인식 여부에 대한 국민 인식도 조사

---

14) 매일경제, 대한민국 건국 60년 특집, "눈부신 성장 그늘서 불신의 독버섯이 자랐다" 2008. 8. 13.

최근에 우리 국민들은 많은 의식변화를 겪어 왔다. 특히, 정부윤리성이나 투명성 관점에서는 선진국 국민들이 느끼는 인식수준과 동일한 것으로 조사되었다. 【그림 1-5】는 국민들이 부패하다고 느끼는 분야를 나타낸 것이다. 대가성 없는 관행적인 금품수수는 물론 정책과정의 영향력 행사도 부패로 인식하는 경향이 있으며 뇌물수수, 배임, 횡령 등 전통적인 부패 외에 절차적인 측면에서의 불공정, 불투명도 부패로 인식하고 있다. 더 나아가 이익충돌과 가치 면에서의 특혜, 사익, 온정 연고주의, 복지부동 등도 부패로 인식하는 것으로 나타났다.

그럼에도 불구하고 일반 공직자들의 부패문제를 다루는 데 있어서는 여전히 금품수수만을 중시하고 있어 국민들의 인식과 상당한 거리가 있음을 나타내고 있다. 또한 일반국민 인식도 조사에서는 투명하지 못한 정책결정까지도 부패로 인식하고 있음은 공직윤리가 앞으로 얼마나 중요한지를 암시하는 것이다.

(4) 정부윤리와 국가경쟁력

최근 정부윤리가 국가경쟁력이나 국가발전과 어떤 관계가 있는지에 대한 연구가 활발하게 진행되었다. 국가경쟁력이란 보통 국가의 경제적 경쟁력을 말하는바, 이는 '한 나라가 다른 나라와 경제적인 측면에서 겨루어서 이겨 낼 수 있는 힘'이라고 말할 수 있다. 경제 규모가 큰 나라는 경제 규모가 작은 나라보다 경제력이 크다고 할 수 있다. 그러나 이것은 국가경쟁력 향상의 핵심은 아니다.

우리가 원하는 것은 국가 경제의 각 구성원이 다른 나라의 구성원과 경제적으로 겨루어서 이겨 낼 수 있는 힘이다. 따라서 진정한 의미에서의 경쟁력은 '한 나라의 경제적 구성원이 다른 나라의 경제적 구성원과 겨루어서 이길 수 있는 힘을 총체적으로 평가하여 일컫는 말'이라고 정의할 수 있다. 국가의 삶의 수준, 즉 경쟁력은 생산성의 증가를 추구하는 데 달렸다. 기업은 지속적인 생산성 향상을 위해 품질향상, 기술향상, 능률 제고를 통해 보다 더 높은 차원의 산업에서 경쟁할 수 있는 능력을 발전시켜야 한다.

국제적인 우세를 가능케 하는 국가적 배경에 대한 검토는 기술이나 생산성이라는 정태적인 것에서부터 경영방식이나 엄격한 조직체계 등 역동적인 과정에서 찾을 수 있다. 최근에는 부패문제가 효율성을 저해하여 투자를 위축시키고, 성장을 저해한다는 인식이 확산되면서 글로벌 경제의 중요한 이슈 중의 하나로 등장하게 되었다. 하버드대학의 샹진웨이 교수는 국가청렴도 1단위 상승 시 해외투자도 0.2% 증가한다는 연구결과를 발표하였으며, 국제투명성지수를 담당하고 있는 독일 파사우 대학 람스도르프 교수는 2008년 그동안의 세계 각국의 부패인식지수 조사결과를 바탕으로 CPI가 1점이 올라가면 국내총생산(GDP)의 0.5% 정도의 자본유입의 증가를 가져오고 생산성을 높여 평균 4% 정도의 소득증가를 가져온다는 연구결과를 내놓았다.[15] OECD에서는 공공부문의 투명성과 신뢰야말로 실제적인 경제적 향상을 가져오며 투명성이야말로 비윤리적 행위로 인해 사회적 변화를 야기하는 간접비용(overhead costs)을 줄인다는 가설을 입증하였다. 즉, 윤리적 기반을 갖추지 못한 나

---

15) 2008년도 부패인식지수 발표 보도자료, 한국투명성기구, 2008. 9.

라는 신뢰의 가치를 높이기 위한 더 많은 비용을 지불해야 한다고 밝힌 것이다.[16] 그림에서 130여 개국의 국가경쟁력지수(2009년)와 부패지수(2009년)는 높은 상관관계를 나타내고 있음을 알 수 있다.

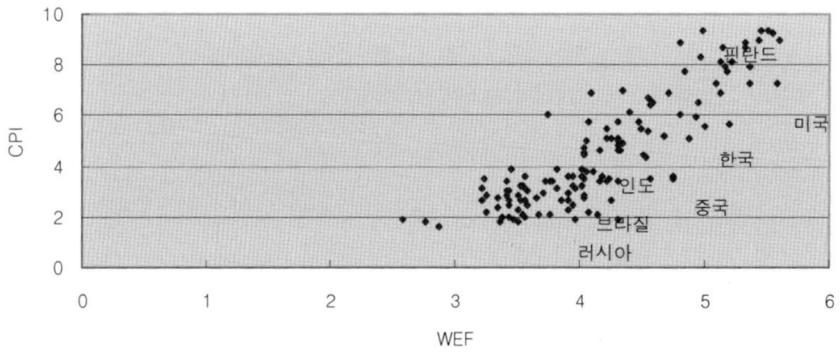

* pearson 상관계수. 861, 유의확률(양쪽) .000
** 상관계수는 0.01수준(양쪽)에서 유의합니다.
*** 132개국 CPI평균(4.4697) 표준편차(2.15757)
  GCI평균(4.1667) 표준편차(.66529)

【그림 1-6】 국가경쟁력(WEF)과 부패지수(CPI)의 상관관계

스위스에 본부를 둔 국제경영개발원(IMD)과 세계경제포럼(WEF)은 매년 국가경쟁력순위를 발표한다. IMD(International Institute for management Development) 국가경쟁력 순위는 기업의 경쟁력을 강화시킬 수 있는 경영환경 개선능력이 주요 평가 관점이며 WEF는 지속적인 경제성장과 장기적인 번영 가능성 등 국가경쟁력 평가에 초점을 맞추고 있다.

---

16) http://www.oecdobserver.org "Getting the public ethics right", Janos Bertok PUMA (Public Management Services), April 2000.

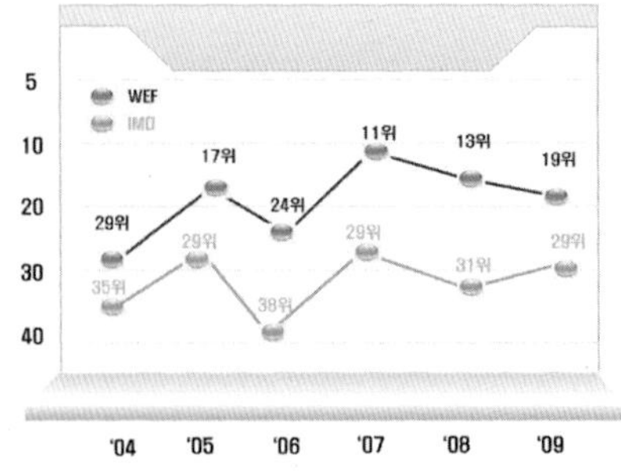

【그림 1-7】 우리나라 국가경쟁력 추이

WEF(World Economic Forum)는 스위스 제네바에 위치한 민간 국제기관으로 1979년부터 매년 1월 Davos 포럼을 개최하여 세계 각국의 저명한 기업인, 정치인 등이 보건·환경 등 전 세계적으로 대두되는 주요 이슈에 대해 논의하게 된다.

세계경쟁력 네트워크는 조사대상 국가를 1인당 국민소득 기준으로 요소주도형($2,000 미만), 효율주도형($3,000~$9,000), 그리고 혁신주도형($17,000 초과) 경제체제로 구분하여 단계별 가중치를 달리하여 평가하게 된다. 경쟁력 평가지수는 기본요인, 효율성 증진요인, 혁신요인 등 3대 분야로 구분되고 각 분야는 2~6개 부문으로 다시 구분되어 총 12개 부문 110개 항목(통계 32개, 설문 78개)으로 구성된다. IMD(World Economic Forum)도 매년 5월에 경제성과, 정부효율성, 기업효율성, 인프라구축 4개 분야의 330여 개 세부항목에 대한 통계자료(⅔), 설문자료(⅓)를 활용하여 종합적인 국가별 경쟁력을 평가한다.

이들 국가경쟁력은 통계적 분석과 설문조사 항목으로 구분되어 평가되고 있는데 특히 설문조사 항목의 경우, 조사대상자인 각국 경

 윤리 딜레마 탈출 -이익충돌(conflicts of interest)의 지혜-

영진들의 자의적인 판단에 주로 의존하고 있어 객관성 확보에 어려움이 있을 뿐 아니라, 설문조사 시점의 정치경제적 변화가 설문조사 대상자의 현실인식에 크게 영향을 미칠 수 있다는 문제점을 안고 있다. 존 반 리넨 런던대 교수는 "국가경쟁력 순위가 발표될 때마다 조사대상국들은 순위에 따라 일희일비하는 경향을 보인다. 국가경쟁력 순위를 마치 스포츠 경기순위처럼 집착하는 것은 바람직하지 않다."고 언급했으며 폴크루그먼 프린스턴대 교수는 "국가는 기업과 달리 단순히 지표 하나로 핵심내용을 표현할 수 없기 때문에 경쟁력 개념은 국가에 적용될 수 없다."고 비판하였다. 이러한 문제점에도 불구하고 한 가지 명확한 것은 우리나라의 종합적인 경쟁력 수준에 비해 부패·투명성 수준에 대한 평가는 크게 개선되지 못하고 있거나 오히려 하락하고 있으며 나아가 부패 관련 항목들의 낮은 평가가 국가경쟁력을 끌어내리고 있는 것으로 나타났다. 따라서 순위에 지나치게 민감하게 반응하기보다는 장기적인 관점에서 우리나라의 국가경쟁력을 강화시킬 수 있는 종합적인 계획을 수립하여 이를 차근차근 실천해 나가는 자세가 바람직하다.

【표 1-2】 WEF 부패 관련 세부항목 평가 결과

평가항목	2004	2005	2006	2007	2008	2009	
GCI 지수	29/104	17/117	24/125	11/131	13/134	19/133	↓6
정부정책 수립의 투명성	–	–	–	34	44	100	↓66
정책결정의 정실주의	49	26	46	15	22	65	↓43
정부지출 낭비성	57	32	73	22	33	70	↓37
기업의 윤리활동	61	35	38	25	27	48	↓21

* 평가 110개 항목 중 통계자료(32개), 설문자료(78개)를 활용

【표 1-3】 IMD 부패 관련 세부항목 평가 결과

평가항목	2004	2005	2006	2007	2008	2009	
IMD 국가경쟁력	35/60	29/60	38/61	29/55	31/55	29/57	↑2
정부효율성	36	31	47	31	37	36	↑1
뇌물공여와 부패비리(설문)	42	33	33	29	30	29	↑1
정부의 투명성(설문)	41	34	38	34	35	37	↓2

(5) 국가 브랜드 가치

한국의 브랜드 가치는 얼마일까? Anholt – GMI[17]는 2005부터 매년 국가브랜드지수를 발표하였다. 이 국가브랜드지수는 각 나라의 명성(reputation)에 영향을 미치는 중요요인(key factor)을 6가지 영역으로 정하고 전 세계 2만 5천여 명으로부터 해당 국가의 이미지를 서베이하여 조사한다.

6가지 핵심요소는 수출, 시민참여, 문화유산, 국민, 관광, 투자와 이민이다.

- 수출(Experts): 각 나라로부터 재화와 용역에 대한 국민들의 이미지를 결정하고 소비자가 해당 국가의 제품을 찾아가거나 기피하는 정도
- 국민(People): 외국인을 대하는 호의성과 개방성, 친절성
- 문화유산(Culture and Heritage): 각 나라의 문화유산에 대한 인식 정도

---

17) http://www.gfkamerica.com 사이먼 안홀은 1996년 국가브랜드란 용어를 만들었을 때 국가의 명성을 높이기 위해 국가혁신, 투자, 전략과 정책을 정부와 함께 추진하였다. 2005년부터 평가지수를 사용하여 평가하여 왔다.

- 관광(Tourism): 자연자원 및 인공적인 관광자원

- 국정관리(Governance): 각 나라의 정부의 공정성과 민주주의, 정의, 빈곤 및 환경과 같은 전 세계적 주제에 대한 정부의 추진 노력

- 투자와 이민(Investment and Immigration): 국가의 경제적, 사회적 상황을 인식하여 투자나 이민 유치 정도

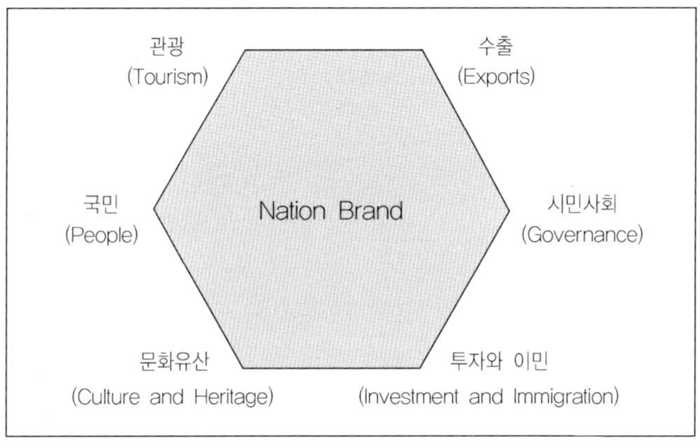

출처: The Nation Brand Hexagon

【그림 1-8】 국가브랜드 가치 측정 방법

2008년도 50개 국가의 브랜드 가치를 조사한 결과, 매년 부동의 1위를 차지한 미국이 자리를 내놓고 7위로 추락하였으며 독일, 프랑스, 영국, 캐나다, 일본, 이탈리아 순으로 미국을 앞섰다. 한국은 33위로 30위권에 머물렀다.

브랜드 가치를 계량적으로 비교해 볼 때 2007년도 한국의 브랜드 가치는 측정대상국 40국 중 31위를 차지하여 351Billions(10억) $로

평가되었다. 1위인 미국은 19,735Billions $로 한국의 56배이며 2위인 일본은 9,590Billions $로 한국의 27배에 달한다. 한국의 GDP 규모가 미국의 15분의 1, 일본의 5분의 1임을 감안할 때 국가의 브랜드 가치가 지나치게 저평가되었음을 알 수 있다.

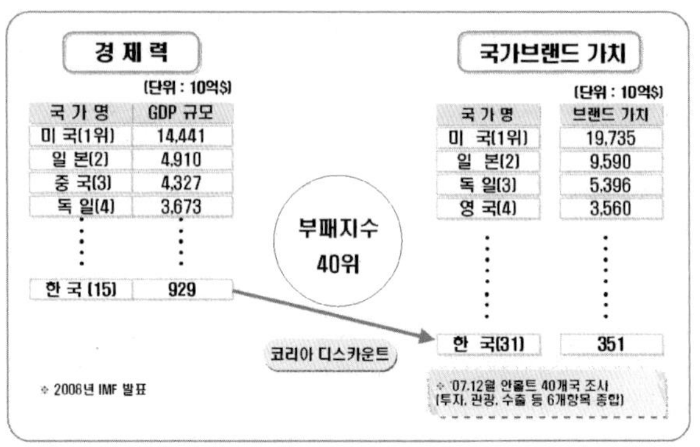

【그림 1-9】 국가경쟁력과 국가브랜드 가치 모형 연관성

Simon Anholt는 브랜드 가치 상위 10개국을 분석하여 국가의 경제적 규모와 국가브랜드 사이에는 매우 강력한 상관관계가 있음을 밝히고 있다. 한국의 이미지가 여전히 향상되지 않고 있는 이유를 단정적으로 말할 수는 없지만 외국인들이 한국에 대해 노사분규, 시위, 군사독재, 부정부패 등 부정적인 이미지를 떠올리기 때문이라고 볼 수 있다.

국 가	2007 Anholt Nation Brand순위	브랜드 가치 (millions of USD)	2008 GDP 순위	GDP 규모(millions of USD)
World	—		—	60,917,477
European Union	—		—	18,387,785
United States	1	19,735,000	1	14,441,425
Japan	2	9,590,000	2	4,910,692
Germany	3	5,396,000	4	3,673,105
United Kingdom	4	3,560,000	6	2,680,000
France	5	3,168,000	5	2,866,951
Italy	6	2,787,000	7	2,313,893
Spain	7	1,604,000	9	1,601,964
Canada	8	1,402,000	11	1,499,551
China	9	1,121,000	3	4,327,448
Netherlands	10	930,000	16	876,970
South Korea	31	351,000	15	929,124

【그림 1-10】 주요 국가의 브랜드 가치와 국내 총생산 비교

브랜드 순위	국 가	GDP 순위	브랜드 순위	국 가	GDP 순위	브랜드 순위	Brics 국가	GDP 순위
1	Germany	4	11	Spain	9	21	Brazil	10
2	France	5	12	Netherlands	16	22	Russia	8
3	United Kingdom	6	13	Norway	24	27	India	12
4	Canada	11	13	Austria	25	29	China	3
5	Japan	2	15	Denmark	29	33	South Korea	15
6	Italy	7	16	Scotland	—			
7	United States	1	17	New Zealand	54			
8	Switzerland	21	18	Finland	34			
9	Australia	14	19	Ireland	35			
10	Sweden	22	20	Belgium	20			

【그림 1-11】 2008년도 국가 브랜드 가치와 GDP 순위 비교

3. 윤리적 가치체계와 접근방법

　최근 윤리적 가치체계를 반부패 투쟁 시스템에 반영해야 하는 문제가 진지하게 논의되기 시작하였다.[18) 대부분의 사람들이 부패를 도덕적 위반으로 이해하고 있기 때문에 윤리적인 청렴성을 강조하는 도덕적 가치체계를 제도화하여야 한다. 일반적으로 국민과 공무원들 사이에 기본적인 윤리기준이 결여되어 있다면 불법에 대한 인식부족으로 부패에 대한 수많은 법들은 실생활에서 실천되지 않을 것이다. 부패를 예방하기 위해서는 청렴문화를 가정·학교·사회의 삶의 중심에 둠으로써 도덕적인 가치관을 부활시켜야 하며, 단순한 도덕적 호소에서 나아가 도덕적인 행동으로 실천할 수 있는 윤리의 틀(moral framework)을 갖추어야 한다.

　이러한 관점에서 부정과의 싸움은 법적인 수단을 가지고 부정한 공무원의 주장과 상관없이 그들에게 책임을 묻는 도덕의 틀(moral framework)을 만들어 적용하여야 한다.[19) 우리는 스스로 법치주의를 말하지만 우리 가운데 많은 사람들이 과속하거나 세금을 적게 내어 사소한 법이라도 속이려고 한 적은 있을 것이다. 국민들은 특히 정치인들이 청렴할 것을 원한다. 정치인들은 끊임없이 청렴을 약

---

18) The 11th IACC(반부패세계회의), Hans Kung, 2003. 5. 서울.
　스위스의 저명한 신학자인 한스큉은 기조연설에서 윤리적인 근본 틀이 없는 부패와의 전쟁은 승산 없는 싸움이라면서 윤리체계의 제도화를 주장한 바 있다.

19) S. Rose-Ackerman, "The Political Economy of Corruption", Kimbery and Eliott ed. Corruption and Global Economy, 1997, p.176.

속하고 그 용어를 사용하기를 좋아한다.

(1) 청렴의 가치

청렴이란 말은 모두가 언급하기를 좋아하지만 어느 누구도 그것이 무엇을 의미하는지 모른다. 국민들은 국민의 대표인 정치인들이 청렴하기를 원하며 정치적 도전자들은 언제나 상대편이 청렴성이 부족하다고 주장한다. 우리는 배우자, 자녀, 학교, 회사 심지어 상품에 이르기까지 청렴을 가지고 있기를 원한다. 실제 미국에서는 '청렴을 가진 차(The first concept car with integrity)'를 광고 아이템으로 하여 선전하기도 하였다. 모든 사람들은 국가가 더 많은 청렴을 갖추어야 한다고 생각한다. 정부 공무원들이 너무도 빈번하게 부정행위(malpractices)로 조사를 받는 상황이 발생한다면 더욱 그러할 것이다. 사실 청렴이라는 단어를 사용하는 사람마다 약간씩 다른 의미로 사용한다.

청렴의 정의는 원래 라틴어 'integer'에서 유래하였고 역사적으로 완전함을 뜻하는 'wholeness'와 같은 의미로 이해되어 왔다. 청렴한 사람은 조금도 분리되지 않은 완전한 사람(whole person)이란 의미이다. 청렴이란 말은 완벽함으로서 단순한 마음일 뿐만 아니라 올바르게 살아가는 지식에 대한 신념을 가진 평온한 사람이다. 청렴한 사람이란 우리 각자의 마음속에 얼마간 내재되어 있는 약속을 지키고 규칙을 따르며 올바른 일을 하고 있다는 신뢰를 확신하는 것이다. 청렴의 중점은 선행을 행하는 사람(good character)을 만드는 것이다.

Stephen L. Carter는 공적, 사적 삶에서 청렴하려면 내면에서 매우 단순하고 구체적으로 이루어지는 세 단계의 조건을 갖추어야 한다고 주장한다.[20]

(1) 옳고 그른 것이 무엇인지 구분한다.

(2) 심지어 개인적인 희생이 뒤따르더라도 옳고 그른 것을 행동에 옮긴다.

(3) 잘못된 것에 대해 여러분이 옳다고 생각하는 것을 행동에 옮기기 위해 공개적으로 말한다.

앞에서 첫 번째 준거는 청렴의 아이디어 속에 도덕적 사유의 과정을 거치며, 두 번째 준거는 신뢰를 유지하는 정신을 포함하여 통합된 인간의 이상을 이끌어 온다. 세 번째 준거는 청렴한 사람은 올바르게 행동하는 것을 수치스럽게 여기지 않는 것을 나타낸다.

청렴은 정직과는 다르다. 비록 정직은 청렴을 위해 반드시 필요한 요소이며 정직함이 없다면 청렴할 수는 없다. 그러나 아무런 거짓말을 하지 않는 것도 정직한 것이지만 거짓말을 하지 않는다고 청렴한 것은 아니다. 청렴은 좀 더 적극적인 과정을 거쳐 이루어진다. 옳고 그름의 가장 깊은 이해를 구분하는 어려운 과정을 요청한다. 첫째, 우리는 옳고 그름을 분별하기 위해 무엇이 가장 진실한 것인지를 결정해야 한다. 둘째, 옳고 그름을 알고 있는 것보다 행하는 것이 어렵다. 셋째, 청렴하게 살기 위해 자신이 옳고 그른 것에 대해 자신을 희생하면서까지 공공연하게 싸우는 것이 가장 어려운 단계이다.

---

20) Stephen L. Carter, *Integrity*(Basic Books: 1996), p.7.

진정 통합된 삶을 사는 사람은 자신이 옳다고 결정한 것을 일관성 있게 행동으로 옮겨야 한다. 동료나 가족들이 부정행위(wrongdoing)를 행할 때 무시하거나 덮어 버리면 청렴성은 증진되지 않는다. 즉, 다른 사람들의 의견이 다르더라도 자신의 생각이 옳다면 공공연하게 말해야 한다. 즉, 통합된 삶(integral life)이란 대다수의 사람들의 생각과 다를 때 청렴의 중요 자질은 공공연하게 밝히는 것이다.

청렴은 사실 철학자들에게 어떠한 주목도 받지 못하였다. 종교적으로만 오랫동안 중심적 관심을 끌어왔다. 인간의 완전함(wholeness)이란 대부분의 종교에서 가르치는 신의 명령에 따라서 인간에서 분리되지 않는 것을 요청한다. 기독교의 성경에는 분리되지 않는 것을 함축하는 "순수한 영혼(pure in heart)"(Matt. 5:8)으로 불리고, 회교에서는 신이 인간들이 걷도록 만든 신성한 길 '*Sabaria*'로 안내하는 모든 규칙, 법, 도덕을 말한다.

청렴의 기본적 개념은 복지의 삶(well-lived life)을 위한 길잡이를 찾기 위한 서구문명의 전통으로까지 거슬러 올라갈지 모른다. 기독교적 전통에서의 완전함은 신에 대해 복종하는 완전함(wholeness)이며 신의 규칙에 따르는 것이 삶의 복지이다. 복종은 다른 어떤 가치보다 앞선 것이며 전통적 종교에서 청렴은 신에 대한 복종을 의미한다. 이러한 청렴의 개념이 종교적인 의미를 넘어서 일반화한 것은 청렴이 양심의 명령에 복종하는 것이다. 즉 삶이 습관적으로 책임감에 의해 통제되는 것이다.

또한, 국가의 청렴의식을 문화적 요인에서 찾기도 한다. 민주주의와 프로테스탄트 종교가 청렴의식을 결정하는 데 중요하며 가족주의는 오히려 부패를 조장한다는 견해가 있다. Daniel Trieisaman은 부패에 대한 체계적인 횡단면 연구를 통해 문화적 요인이 부패수준을 줄여 왔으며 민주주의는 국가적 부패수준을 가장 크게 줄였다고 밝혔다. 플라톤으로부터 정치학자 Edward Banfield에 이르기까지 가족주의(familial orientation)는 높은 부패수준을 나타낸다.[21] 청렴의 수준은 프로테스탄트 문화(protestant cultures)에서 연유하며 Max Weber는 시장 경제에서 합리적으로 나오는 근로가치를 강조하며 근로가치는 타인을 돕는 행위규범으로 더욱 발전된다. 프로테스탄트의 국가들은 다른 국가보다 덜 부패하다. 그런 국가에서는 개인들 스스로가 죄를 피하는 책임의식으로 종교적 에토스(ethos)를 강조하기 때문이다.

(2) 윤리적 기반(ethics infrastructure)과 접근방법

실제 대다수 국가들은 윤리적 행동(ethical behavior)을 제도와 업무처리 과정에 반영하여 관리하기 위해 노력해 왔다. OECD는 국제적 비교의 준거 기준으로 청렴 중심의 윤리적 접근 방식(Integrity-based approach)과 제재·집행중심의 윤리적 접근 방식(Compliance-based approach)으로 구분하고 있다. 전자의 접근법은 성취해야만 하는 행동 또는 결과에 초점을 두고 불법적 행동과 제재에 대한 명확한 규칙을 두는 접근법으로 OECD는 이것을 '높은 길(high road)'

---

21) Lawrence E. Harrison & Samuel P Huntington, *Culture Matters: How values shape human progress*(Basic Books: 2000), p.116.
Edward Banfield는 이탈리아 사회를 연구하며 남부이탈리아, 시실리아 지역은 가족주의가 팽배하여 부패수준이 높다고 주장.

이라고 부른다. 즉 어떻게 성취해야 하는가라는 수단에 초점을 둔 것이 아니라 무엇을 성취해야 하는가라는 목표에 초점을 두고 있다. 부적절한 행동을 벌주고 실수를 정책화하는 것이 아니고 좋은 행동을 고무시키는 전략이다.

공무원은 당연히 무엇을 어떻게 해야만 하는지에 대해 절차와 규칙을 정하고 그에 따라야 한다. 이러한 맥락에서 행동강령은 종종 부정적으로 인식되어 공무원이 해서는 안 되는 것은 무엇이며 어떠한 행동을 피해야 하는지를 규율한다. OECD는 이것을 '낮은 길(low road)'로의 접근이라고 부른다. 공무원의 행위들에 대해 최소한의 기준을 설정하고 잘못된 행동(wrongdoing)을 포착하여 공무원의 행위가 잘못되었는지를 확인하는 기준을 제공하는 규정들에 의하여 관리되는 경향을 강화한다.

OECD 9개국의 조사22)에 따르면 뉴질랜드가 가장 청렴 중심의 접근법에 가까운 나라로 분류되어 윤리적 행동을 자율적으로 관리(management autonomy)하고 있으며 미국은 매우 복잡하고 종합적인 규정 중심의 제도를 반영하여 외부적 통제를 강화하는 국가이다.

OECD의 대다수 국가들은 다양한 의식의 정도에 따라 공무원의 윤리적 행위들을 유지하기 위해 윤리적 기반(ethics infrastructure)을 갖추어 왔다. 윤리적 기반이란 공무원의 품위 있는 행위(good conduct)를 고무시키기 위해 유인책을 제공하거나 바람직하지 않은 행동을 규제하는 도구(tool) 또는 과정(process)들을 마련하는 것이다.23) 정

---

22) New Zealand, State Services Commission(1999), "An ethics framework for the state sector" occassional paper No.15, http://www.ssc.govt.nz.

23) OECD 1996, "Ethics in the Public services": public management occasional papers No.14, p.59.

부를 둘러싼 환경은 변하고 있다. 공공부문에 민간의 상업적 전략이 들어오고 민간과 공공부문 간에 상호 작용하는 모습으로 변하고 있다. 공무원은 자신이 어떻게 행동해야 하는지를 알리는 기준에 해당하는 이익충돌과 규칙을 설정하였으나 시민들은 공무원에게 더 많은 요구를 하며 공무원의 행위에 대해 정밀한 조사를 바라고 있다. 이것은 전통적으로 공무원의 행위를 규율하는 가치 및 제도와 공무원이 변화하는 공공환경에서의 역할 사이에 증가하는 불일치일 수 있다.

따라서 정부윤리는 좋은 정부정책을 만들기 위한 기본적인 전제조건이며 이런 의미에서 다른 어떤 정책보다 중요하다. 왜냐하면 모든 정책은 공무원의 올바른 판단인 윤리영역에 의존하기 때문이다.

이러한 윤리적 기반에는 몇 가지 의문이 제기된다. 첫째, 새로운 윤리적 조치들이 도입되어 공직 환경의 복잡성을 다루는 데 도움을 주는가? 둘째, 공무원이 의사결정에서 윤리적 딜레마를 해결할 수 있는 충분한 조치들이 있는가? 셋째, 공무원이 어떻게 윤리적 기반을 인식하고 변화하는 환경에 스스로 적응하도록 도움을 받을 수 있는가 하는 주제들을 인식하게 된다. OECD는 윤리적 기반으로 통제(control), 지침(guidance), 구조(structure)의 세 가지 영역을 제시하고 있다.24) 각각의 기능은 상호 보완적으로 작동하여 효율적인 시너지효과를 창출한다. 통제(control)는 공무원을 독립적으로 조사하고 기소 할 수 있는 법적 틀(legal framework)과 효과적인 책임성 메커니즘을 갖추어 달성될 수 있다. 지침(guidance)은 정치적 리더

---

24) OECD 1996, "Ethics in the Public services": public management occasional papers No.14, p.25.

십으로부터 나온 국민과의 약속으로 가치와 행동기준을 반영한 행동강령(codes of conduct), 교육·훈련과 같은 전문적 활동으로 이룰 수 있다. 구조(structure)는 현존하는 중앙정부 기관 또는 특별 윤리 기관에 의하여 윤리적 틀을 유지함으로써 공무원의 윤리를 실천하는 것이다. 이러한 기능은 각 국가의 정치 문화에 따라서 다양하다. 미국에서는 견제와 균형(checks&balances)의 전통에 따라 통제(control)를 강조하고 있으며 네덜란드는 신탁(trust)의 전통에 따라 관리되는 지침(guidance)을 강조한다.

II. 윤리적 회색 지대론
- Grey area -

1. 대두 배경

　기업은 경영활동을 통해 이윤을 추구하고 그 증대된 이익은 국가의 富를 이루며 종업원에게는 소득을 주고 주주에게는 이윤을 배당하는 책임 있는 실체이다. 따라서 공공기관이 법령의 규정에 따라 엄격하게 옳고 그름을 가리는 것과는 달리 기업은 옳고 그름을 정하는 것이 명확하지 않으며 그렇다고 사적 영역으로 방치할 수도 없는 분야(field)이다.

　일반 법령이 구체적으로 적용되는 건축, 보건, 소방 등은 위반 시 형벌을 받게 되나 기업윤리강령은 위반한 경우에도 아무런 제재가 없다. 이러한 기업의 특성으로 인해 회색의 영역은 기업윤리의 전형적인 공간으로 받아들여진다.

　기업 내에서 이루어지는 행위에 대해 법령을 위반한 정도와 윤리적인 위반 정도에 따라 다양한 스펙트럼이 존재할 수 있다. 대표적인 유형을 구분해 보면 윤리적·합법적 유형, 윤리적·불법적 유형, 비윤리적·합법적 유형, 비윤리적·불법적 유형이다. 현대기업은 증가하는 지배구조 규제를 유리하게 빠져나가기 위해 합법적이지만 비윤리적인 길을 찾아가지만 규정과 제도만으로는 새롭게 등장하는 윤리적인 문제들을 치유할 수 없게 된다. 따라서 가장 다루기 어려운 영역이 비윤리적·합법적 영역이다.

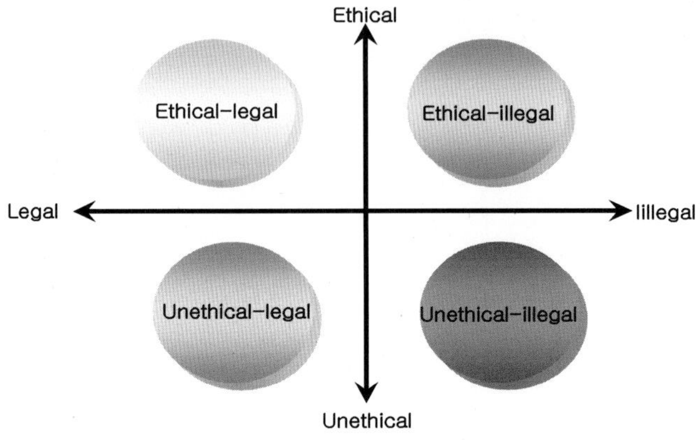

【그림 2-1】 윤리성과 위법성의 스펙트럼

회색은 색깔로는 검지도 희지도 않은 중간영역의 색이며 회색지대는 둘 이상의 경계를 명확히 하기 어렵거나 심지어 정의하기가 불가능한 영역의 경계를 말한다. 윤리적 회색지대(grey area of ethics)는 옳고 그름 사이의 경계가 모호한 윤리적 딜레마(ethical dilemma)를 나타내는 말이다.

대다수 기업들은 새롭게 직면하는 기업윤리 문제들이 규칙이나 규정으로는 옳거나 그름을 판단할 수 없으며 그 영역 밖에 있다고 느끼고 있다. 기업은 상품 매출 증가를 위해 고객광고 내용에 증명되지 않은 성능과 과학적 데이터에 근거하지 않은 내용을 포함시키고 싶을 것이다.

216년 월가의 역사에 가장 고통스럽고 선례가 없는 금융위기(financial meltdown)는 전 세계 시장경제를 위기로 몰아넣었다. 1930년 대공황으로 주식시장의 충격과 은행도산에 대응하는 금융규제시스템의 설치 이래로 가장 커다란 변화에 직면하게 된 것이다.

이러한 경제위기의 이면에는 전반적인 규제시스템 미흡과 월가의 비윤리성이 자리 잡고 있었다. 금융위기의 진원지인 프레디맥과 페디맥(Freddie Mac & Fannie Mae) 양대 모기지 회사는 170여 명의 로비스트와 10년간 1,700억 원에 달하는 로비자금을 사용하여 정부감독 면제·세금감면·모기지 신용비율상승 등의 특혜적 지위를 얻고 있었다. 게다가 금융기관 CEO들의 수백억 원에서 수천억 원에 이르는 연봉에도 불구하고 정작 금융위기에는 책임을 지지 않는 모습은 미국 국민들을 크게 실망케 하였다.

최근 들어 '경제위기는 윤리의 위기'라는 지적이 제기된다. 베이어(Cornelius von Bayer)는 "기업윤리강령은 기업의 생산성, 신뢰성을 고양하는 결정적인 요인이지만 오히려 부패를 감추는 위선적인 장치로서 가면의 역할을 하고 있다."고 주장하였다.

미국 기업들의 비도덕성은 사실 이전에도 있어 왔다. 심지어 2007년 미국의회에서 사베인 - 옥슬레이법(The Sarbane - Oxley Act of 2002)을 입법 제안한 사베인(Paul S. Sarbane) 상원의원과 옥슬레이(Michael G. Oxley) 하원의원이 각각 30년과 26년의 의원직을 은퇴하자, 기업들은 일제히 사베인-옥슬레이법은 투자신뢰를 얻지 못하고 시장의 신뢰만 악화시켰다며 그들의 퇴장을 환영하였다.

기업에서 오늘날처럼 윤리문제가 중요하게 자리 잡은 적은 없었다. 모든 직업, 심지어 잘 정의된 윤리규범을 가진 전문가 직업(profession)에서조차도 청렴(integrity)의 상실(lapses) 문제가 가장 큰 윤리적 과제로 등장하였다. 일상적으로 신문지상에 보도되는 행위들, 예컨대 약사가 자신의 이익을 위해 약을 희석하는 행위, 간호사가 환자나 가족의 동의 없이 안락사를 시키는 행위, 변호사가 환수된 고객의 돈을 횡령하는 행위, 의사가 암거래시장에 진통제를 유통시키는 행위, 교사가 학교에서 요구하는 학습수준을 충족시키기 위해 학생들의 점수를 조작하는 행위, 언론의 사설까지 영향을 미치는 광고주의 행위 등은 우리의 일상 속에 윤리의 가치가 얼마나 중요한지를 나타낸다.

그러나 실제 이러한 중요성을 실천하기는 쉽지 않다. 2007년 세계기업통신협회(International Association Business Communications)의 통신전문가 1,800명을 대상으로 한 조사에서 65%가 세미나, 교육, 워크숍 등에서 윤리교육을 받은 적이 없다고 하였으며 70%가 윤리문제에 대해 전혀 생각해 본 적이 없다고 밝혔다.[25]

사실 기업의 윤리경영이 왜 중요한지는 기업의 궁극적 목표인 이윤의 관점에서 보아야 할 것이다. 윤리가 기업의 이윤창출에 아무런 도움을 주지 않는다면 기업에서 발생하는 수많은 스캔들에 대해 자신들의 윤리강령과 그 실행 프로그램을 강화하고 발전시키기 위한 전면적인 노력을 하지 않을 것이다. 따라서 기업이 비윤리적인 행위(unethical behavior)를 극복하려는 이유는 기업의 이익 실현

---

25) http://ethicscrisis.com/blog - posts/ *"study: two in three Companies don't provide Ethics trainnig to employees"* 2006.

뿐만 아니라 기업의 신뢰(confidence)를 저해하는 중대요소로 생각하고 있기 때문이다.

기업윤리는 종업원, 주주, 그리고 고객을 위해 올바른 일을 하도록 하는 회사의 약속이다.[26] 성공적인 기업이 되려면 기업이 모든 직원들의 높은 책임의식 아래 상호 협력해야 한다. 조직윤리(organizational ethics)는 일련의 공유된 핵심가치에 기반을 두고 조직 관리와 구성원의 행동과 결정을 안내하는 윤리강령을 구성하는 것으로 정의할 수 있다.[27]

기업윤리는 기업의 사회적 책임(corporate social responsibility)과 혼동하는 경우가 있다. 그러면 기업윤리는 기업의 사회적 책임과 어떻게 다른가? 예를 들어 지역에 관대하게 기부를 많이 하는 기업이라도 직원들을 혹독하게 대우하고 부정직한 회계 관행을 유지할 수 있다. 이런 경우 기업의 사회적 책임은 부패한 기업을 눈속임으로 포장(window dressing)할 수 있다. 반대로 기업 내부고발 등 윤리프로그램을 가지고 있으나 조직문화가 기업 밖에까지 책임질 수 있는 리더십이나 지지를 받지 못하는 기업이 있을 수 있다.

따라서 우리가 효율적인 윤리프로그램(effective ethics program)을 구축하려고 할 때 우선적으로 직원 상호 간에, 주주 또는 확대된 공동체를 위해 책임 있게 행동하도록 격려하는 조직 환경을 만들어야 하며, 특히 지역을 위해 책임 있게 행동할 수 있는 윤리문화(ethical culture)를 창출해 내는 기업 운영의 틀을 갖추어야 한다.

---

26) Phyllis Davis, *E² using the power of Ethics and Etiquette in American Business* (Entrepreneur press, 2003), p.7.

27) Ethics Resource Center, *2005 Dec. Ethics Today Online "Corporate social Responsibility and organizational Ethics"*, December 2005, p.2.

기업윤리에 대한 또 다른 접근은 기업경영정신과의 관련성이다. 기업은 사업을 운영하면서 직원들의 직장생활에서 의미와 가치를 주고 회사의 일을 자랑스럽게 생각하도록 해야 한다. 기업은 경영 면에서 사업 주체, 고용 주체, 책임 있는 기업시민으로서 가치에 비중을 둔다.

고용주체로서 기업은 직원들이 일하기 좋은 곳으로 만들어야 한다. 기업은 직원들이 가장 훌륭한 자산임을 알고 언제나 안전하고 건강한 근무환경에서 일할 권리를 실천해야 한다. 개인의 재능과 장점을 인정하고 다양성을 중히 여기며 프라이버시가 존중되는 곳, 직장생활과 개인생활 간의 균형이 고려되는 곳을 만든다. 직원들에게 의욕을 주는 환경, 흥미로운 개인기회와 차별화를 시도할 수 있는 기회를 제공하며 모든 직원들이 질문과 아이디어를 자유로이 전개할 수 있도록 개방적이고 신념을 갖춘 관대하고 상호 존중하는 분위기를 조성할 수 있어야 한다.

이는 경영가치를 생활에 적용하도록 하며, 그러한 가치들이 우리가 일상 업무에서 내려야만 하는 결정들에 어떻게 영향을 미치고 도움을 주는가를 보여 준다. 따라서 기업의 경영은 윤리적 기준들을 지켜 나가도록 하는 행동규범을 지켜야 할 책임이 있으며 이런 규칙들을 존중하고 서로에게 권장함으로써 구성원 모두 서로에게 힘이 되어 줄 것이다. 직원들이 모든 업무 수행에서 높은 윤리기준을 적용하는 것이야말로 기업의 신뢰와 존중을 북돋을 수 있는 모범기업으로 가는 길이다.

2. 기업윤리와 기업의 브랜드 가치

기업은 법을 존중하고 회계와 보고에 높은 기준을 유지하며 부패를 없애기 위해 노력해야 한다. 기업리더는 과학적인 연구와 개발에 지속적으로 개발투자를 하여 기업브랜드를 혁신적이고 효과적인 이미지로 만들어야 한다. 기업의 부정직한 이미지는 기업의 브랜드 가치에 영향을 미친다. 그러므로 기업은 실생활에서 가장 높은 품질기준과 안전기준에 맞는 제품을 제공하여 고객들과 튼튼하고 지속적인 관계를 구축하여야 회사자산을 보호하게 되고 가장 효과적으로 주주의 가치를 향상시킬 수 있게 된다.

브랜드 가치는 동일한 상품에 대한 브랜드 이름이 무엇인지에 따라 미칠 수 있는 판매성과 또는 마케팅 효과(marketing effects)를 일컫는다. 이러한 마케팅 효과의 근원은 소비자들이 기업이나 제품을 어느 정도 알고 있는지에 달려 있다. 즉 브랜드에 대한 소비자의 지식이 적절한 상품을 선택하도록 반응한다는 것이다. 많은 연구들은 브랜드는 회사가 갖고 있는 가장 가치 있는 자산(valuable assets)이라고 결론을 내리고 있다.

브랜드 가치 평가는 기업, 상품, 소비자 측면에서 이루어지며 어느 정도 무형자산으로 가치가 있는지를 말한다. 고전적 상품에 대한 브랜드 가치는 브랜드 상품과 이름 없는 동등한 상품을 비교하는 것이다. 모든 조건이 동일한데 브랜드를 가졌을 때 큰 차이가 나타난다면 브랜드는 수입을 증가시킨다. 소비자의 평가는 소비자가 갖고 있는 브랜드와 관련된 것을 찾기 위한 소비자의 마음을 잡는 것이다. 소비자가 강력하게 인식할 수 있는 브랜드가 높은 가치인식을 가지게 된다.

전 세계에서 브랜드 가치가 가장 높은 상표는 무엇일까? 지구촌에서 가장 인정받은 브랜드는 코카콜라이다. 코카콜라는 1885년 팸버튼(John Pemberton)에 의해 미국 컬럼비아의 약국에서 개발되었다. 팸버튼은 프랑스 와인 코카라고 불리는 cocawine을 개발한 후 알코올을 뺀 음료로 Coca Cola를 개발하였다. 코카콜라가 팔리는 상품이 될 것인지에 대해 자신이 없었던 팸버튼은 1888년 캔들러(Candler)에게 코카콜라에 대한 배타적인 권리를 넘겨준 후 1894년부터 현재와 같이 병에 넣어 판매하기 시작하였다. 현재 전 세계에서 가장 사랑받는 제품으로 코가골라는 미국을 상징하는 대표적인 아이콘이자 미국문화를 전 세계에 확산시키는 것으로 알려졌다.

코카콜라는 코케인(cocaine)과 카페인(caffeine)을 주요성분으로 설탕, 탄산, 캐러멜 등 자연의 향, 맛을 첨가하여 만들어진다. 코케인은 코카(coca)의 잎에서 추출하고 카페인은 콜라의 열매(kola - nut)에서 추출한다. 코카콜라의 명칭도 이 두 성분의 머리글자를 따서 만든 것이다. 이러한 이유로 인해 코카콜라는 그 제조법이 100여 년 동안 비밀로 이어지고 있으며 특허권이 없는 상품으로 남아 있다. 왜냐하면 특허를 받으려면 제조법을 신고해야 하는데 제조법이 유출될 것이 두려워 신고를 못 하기 때문이다.

이러한 코카콜라에 기업윤리와 관련된 사건이 발생한다. 오늘날 전 세계에서 가장 사랑받으며 680억 달러(68조 원)의 브랜드 가치를 가지는 코카콜라의 비법을 가지고 경쟁사인 펩시에 넘기려 한 사건이 발생한 것이다.

Enron이 Pepsi의 윤리강령을 따랐다면?

펩시의 윤리강령은 엄격하고 새로운 윤리의 회색지대를 적절히 규제하는 것으로 유명하다. 2006년 펩시사의 본사에 경쟁사인 코카콜라의 제조 비밀을 팔려고 누군가 방문하였을 때 펩시사는 즉각 코카콜라의 제조 자료를 코카콜라사에 넘기고 FBI에 수사를 의뢰한다.

상상하건대 만일 회계부정으로 도산한 엔론사가 똑같은 상황에서 상대기업의 비밀을 넘겨받았다면 어떻게 되었을까?

한편, Top 100 Most Powerful Brands에 따르면 경제 위기(economic

turmoil) 속에서 경제지표의 급격한 하락과 개별기업들의 브랜드 가치의 변화에도 불구하고 브랜드 100대 기업의 가치는 2% 상승(2 trillion $)한 것으로 나타났다. 이것은 브랜드 가치가 기업의 가장 큰 자산이며 기업의 시장 가치에서 평균 ⅓의 비중을 차지하는 것을 입증하고 있다.

브랜드 가치의 측정방법은 1995년 전부터 사용되고 있으며 고객의 인식(customer opinion)과 재무성과(financial performance)를 반영하고 있다. 세계 31개국의 백만 명 이상 소비자와 기업거래 담당자들 사이에 브랜드에 대한 인식을 조사하고 재화와 용역의 판매로 생기는 재무자료를 활용하여 측정한다.

2009년도 한국의 주요 대기업의 브랜드 가치가 급격히 하락하였다. 삼성은 2008년 58위(11.87 billions $)에서 2009년에는 100위권 밖(6.32 billions $)으로 밀려났다. 지난해에 비해 100대 기업 밖으로 밀려난 기업은 15개에 불과하며 대부분이 경제위기에 영향을 받은 보험사, 금융기관, 자동차회사들임을 감안할 때 삼성의 후퇴는 의외로 받아들여진다. 전체 가치에서는 추락하였지만 삼성은 여전히 기술브랜드 가치에서 17위를 차지하고 있다.

3. 기업윤리

— Code of Ethics —

(1) 의 의

과거 오랫동안 회사의 윤리문제는 사내 성희롱(sexual harrassment) 문제가 주류를 이루었으나, 오늘날에는 성인들의 인터넷 접근과 관련된 문제가 모든 기업의 윤리 규정에 반영되고 있으며 이익충돌의 문제가 새롭게 중시되고 있다.

직원들은 일상적인 근무 중에 윤리적 딜레마와 마주칠 수 있다. 동료들을 어떻게 대하는가, 동료의 행동에 어떻게 반응하는가, 고객이나 고객으로부터의 어려운 혹은 곤란한 요구는 어떻게 처리하는가 등등이다. 이러한 질문들은 우리가 때때로 마주치는 많은 공통적 딜레마에 대하여 유용하고 실용적인 안내역할을 하고 있다.

기업의 경영정신은 직원들의 일상적인 생활 속에서 실행되어야 한다. 이것은 회사의 지속적 성공에 결정적으로 중요한 일이며 윤리강령을 만드는 것도 바로 그 때문이다. 이 강령의 목적은 직원으로서 기대되는 것들이 무엇인지 모든 직원들이 이해할 수 있게 돕는 것이다. 이 강령은 어디에서 사업을 하든, 역할이 무엇이든, 말단직원이든 아니든 간에 상관없이 모두에게 적용된다.

수년 동안 경영가치들은 입에서 입으로 전해 내려왔으나, 회사에는 수많은 직원들이 일하고 있으므로 지금 이 시점에 경영의 가치를 하나의 문서로 집약하여야 한다. 문서를 통해서 직원들은 일반화된 신념을 공유하고 실무적인 면에서 직원의 책임을 다할 수 있도록 해야 한다. 직원은 모든 업무 수행에 높은 윤리기준을 적용하여 더욱더 신뢰와 존중을 받을 수 있는 모범기업이 되어야 한다.

- 이 문서에 정해진 가치관과 강령은 선택적인 내용이 아니라 존중해야 하는 내용이다.
- 직원의 행동이 본보기가 되어 기업의 명성이 결정된다.
- 윤리적인 문제는 결코 쉽지 않지만 반드시 해결되어야 한다.
- 윤리적인 문제들은 혼자만 간직하지 말고 공개해서 조언을 구한다.
- 정직과 존중은 직원이 행동하는 방식의 으뜸 가치이다.

이러한 윤리강령은 직원들의 행동방식에 대한 의문이나 딜레마가 생겼을 때 그것을 해결할 수 있도록 돕는 도구이다. 물론 발생할 수 있는 모든 상황을 예상해서 언급할 수 있는 문서는 없다. 특히, 윤리적 딜레마는 '회색지대(grey area)' 즉 이도 저도 아닌 애매한 부분에서 발생하는 경우가 많고 그런 경우에는 해법이 쉽게 나타나지도 않는다. 그러므로 어려운 윤리적 결정에 직면하면 항상 자신에게 질문해야 한다.

- 그것은 기업의 경영정신과 일치하는가?
- 그것은 합법적인가?
- 나의 행동은 다양한 이해관계자들에게 어떤 영향을 줄 것인가, 그들이 나의 행동에 대해 알게 되면 그들은 어떤 반응을 보일 것인가?

- 잘 모르겠다면, 도움을 요청했는가?

  어떤 상황들은 해결이 쉽지 않다는 것을 인정해야 한다. 이렇게 의심스러울 때, 가장 좋은 법(golden rule)은 문제를 공개적으로 논의하는 것이다.[28]

수년 동안 기업윤리 전문가들 사이에 중심적 아이디어는 기업의 프로그램이 규정준수(Compliance)에서 윤리(ethics)로 전환되고 있다는 사실이다. 미국의 기업윤리의 기반을 이루고 있는 연방선고운영지침에는 오랫동안 규정 준수(compliance)를 강조하였으며 최근에는 윤리적 행동 증진을 격려하는 조직문화를 창출할 것을 요청하고 있다. 즉 윤리와 규정준수가 효과적으로 하나의 프로그램에 통합됨으로써 시너지효과를 발휘하고 직원, 회사, 공동체에 모두 혜택을 가져올 수 있다고 본다. 따라서 효율적인 윤리강령은 법령과 사내지침 등을 준수하여 기업 활동이 이루어지게 하는 윤리프로그램을 갖추도록 하는 것이다.

윤리강령은 이용자들이 매일매일의 의사를 결정할 때 참고하는 중심적인 지침으로 사용되어 왔다. 전문적인 윤리지침은 조직의 임무, 가치 및 원리를 명확하게 하는 것이며 조직 내에서 윤리 관련 자료와 서비스를 찾아 사용하는 데 이용할 수 있다. 또한 윤리강령은 조직을 운영하는 방식에 대해 공개하는 것이며 행동을 위한 가시적인 지침을 제공하는 것이다.

정교한 윤리강령은 직원과의 약속, 사업을 위한 지침, 그리고 공동체의 사회적 책임과 같은 문제를 다루는 가장 중요한 의사소통

---

28) L'OREAL The way we work, 2007, p.4.

수단으로서의 역할을 한다.[29] 윤리강령은 직원들이 윤리적 딜레마에 직면할 때, 매일 만나는 결정을 위해 다루는 도구로서 적절한 지침, 정책, 규칙들을 보완하는 것을 의미한다.

윤리강령은 주주와 대중의 신뢰 수준을 증가시키며 더 많은 정치적·규제적 환경을 이끌 수 있도록 긍정적인 대중의 정체성을 창출할 수 있는 무한한 기회를 만듦으로써 책임 있는 조직을 만드는 것이다.[30]

【일반적인 윤리 규정 내용(Common Ethics Code Provisions)】

개별회사는 회사가 속해 있는 산업의 특징과 기업의 목적에 따라 상이한 윤리규정을 운영하고 있으나 대다수의 기업윤리강령에는 다음과 같은 범주의 내용이 포함되어 있다.[31]

고용 관행(Employment Practices)

- 적절한 권한의 사용
- 직원의 자발적인 활동
- 작업장의 성희롱 문제
- 평등한 기회
- 다양성
- 공정한 대우와 차별

---

29) Driscoll, Dawn-Marie and W. Michael Hoffman, *"Ethics matter: How to implement values-Driven Management"*; 2000, p.77.

30) Principles of Stakeholder Management, The Clarkson Centre for Business Ethics, 1999, p.12.

31) Ethics Resource Center, Common Ethics Code Provisions, http://www.ethics.org

- 일과 가족의 균형

직원, 고객과 판매인의 정보(Employee, Client Vender Information)

- 기록과 정보의 유지

- 프라이버시와 비밀유지

- 정보의 공개

공공 정보(Public Information)

- 광고와 마케팅

- 기금 모금

- 정보의 명확성, 접근성, 투명성

이익충돌(Conflicts of Interest)

- 선물 수수행위

- 정치적 활동

- 외부의 경제적 활동

- 가족 구성원의 문제

- 재정적 이익의 공개

환경적 문제(Environmental Issues)

- 환경에 대한 약속

- 직원의 건강과 안전

윤리 관리(Ethical Management Practices)

- 기록과 지출보고의 정확성 유지
- 회사자산의 적정한 사용

(2) 기업의 이익충돌(Conflicts of Interest)을 다루는 메커니즘

최근 기업에서 가장 빈번하게 다루어지는 주제 중의 하나는 이익충돌이다. 직원은 항상 자신과 회사를 대변하는 지위에서 긴장을 하게 된다. 많은 직원들이 의사결정의 책임을 부여받으면 받을수록 더욱더 이익충돌의 관심은 커지고 있다.

공공부문에서 출발한 이익충돌 메커니즘은 이제 기업은 물론, 변호사, 의사 등 전문 직업윤리를 가진 직능단체의 윤리규범에 반영되었다. 이익충돌을 다루는 메커니즘이 공공분야에서 적용되었던 것처럼 이들 영역에도 명백히 반영되어야 한다.[32]

  ⅰ) 직원은 양심적인 업무수행과 갈등을 빚는 재정적 거래에 참여해서는 안 된다.

  ⅱ) 직원은 사적 이익을 위해 직위를 이용해서는 안 된다.

  ⅲ) 직원은 특정 개인과 조직을 위해 편향적으로 대우해서는 안 되며 공정하게 행동해야 한다.

  ⅳ) 직원은 공식적 업무와 충돌하는 외부의 일자리 협상이나 구직을 포함한 외부활동에 참여해서는 안 된다.

---

32) Ethics Resource Center, A Word from the President: *"Conflicts of Interest Can Destroy Reputation"*, http://www.ethics.org

● 기업의 이익충돌의 개념

기업의 영역에서 이익충돌은 종종 기업의 최고 경영층과 고위 공무원과의 재정적 거래나 의심스러운 활동으로 인해 야기되곤 한다. 이익충돌은 사실 조직 전체의 윤리적 딜레마의 핵심에 위치하고 있으며 한 번 실추된 기업의 명성을 다시 되찾는 것은 대단히 어렵다.

만일 이익충돌을 피할 수 있다면 그 노력은 최고경영층에서부터 시작되어야 하며 회사 전체에 걸쳐 우선적으로 인식되어야 한다. 기업 내에서도 이익충돌의 주제를 다루는 메커니즘의 중요성이 크게 부각되고 있다.

기업에서의 이익충돌의 개념은 "직원의 업무 수행과 관련하여 객관적이고 공정한 결정을 하는 직원의 능력을 손상시킬 수 있는 행동이나 관계"로 정의된다.[33]

● 기업에서는 어떠한 종류의 이익충돌이 발생하는가?

기업의 이익충돌(Conflicts of Interest)은 직원의 부업(side business)과 선물의 주제가 주류를 이루고 있고, 정부기관과 관련된 업종에서는 퇴직 공무원을 고용하는 문제가 가장 크게 제기되고 있다.

- 기업의 직원이 소속된 회사에서 독립하여 사업을 하려고 한다.
- 기업의 직원이 하청업체로부터 선물을 받거나, 상대 고객에게

---

33) Ethics Resource Center, *2004 Dec. Ethics Today Online "Conflict of Interest"*, December 2004, p.7.
A Conflict of Interest can be defined as an action or relation that might impair an employee's ability to make objective and fair decisions relating to the employee's job performance.

선물을 준다.

- 정부와 계약을 맺고 있는 기업에서 소속 공무원을 퇴직 후 고용한다.

세 가지 제기된 문제에 대해 대답은 간단할지 모른다. 컴퓨터회사 직원은 회사를 그만두어야 하고, 하청업체로부터 받은 고가의 선물은 공정한 업무에 영향을 받을 수 있으며, 정부 공무원은 자신의 미래 고용주를 위해 영향력을 행사할 수 있을 것이다.

첫 번째 질문에서, 컴퓨터 회사의 직원이 부업을 하거나 개인 컴퓨터 사업을 시작하였다면, "직원의 사적인 고객과 회사의 고객이 동등하게 대우를 받을 수 있는가?", "직원은 자신의 부업을 위해 회사의 자원과 시간을 쓰고 있는가?" 만일, 이 두 가지 질문에 "예"라는 답이 나온다면 직원은 이익충돌 상태라고 말할 수 있다. 만일, 직원의 사적인 고객이 가족과 친구와 같이 회사의 고객과 다르다면 이익충돌이라고 말할 수 없다. 이익충돌을 다루는 가장 중요한 요소는 이익충돌 결정을 내리는 경영진에게 현재의 상황을 알리는 것이다.

두 번째 질문에서, 선물 수수 문제는 공공분야뿐만 아니라 기업에서도 제기되었다. 민간 기업에서 선물교환과 접대는 구매자와 판매자 간에 서로의 뜻을 전달하여 영업활동을 더욱 잘되게 하려는 의도에서 출발한다. 그러나 선물이나 접대의 수준이 단순한 감사의 의사 표현을 넘어 받는 사람의 공적인 결정에 영향을 미치려는 뇌물로 볼 수 있는 것인지를 구분하는 것이 관건이다

이것은 물론 산업의 유형에 따라 다르게 적용된다. 정부와 관계하는 많은 기업들은 직원들의 선물수수 행위에 대해 정부의 가장 제한적인 규정을 반영하여 운영하고 있다. 다른 한편 금융계는 좀

더 탄력적인 선물 규정을 운영한다. 슈퍼볼 티켓과 같은 값비싼 것이라도 선물로 주는 것은 정상적인 것으로 본다. 일반 직원들이 선물을 이용하여 영업실적을 늘리려는 유혹은 흔히 있다. 따라서 기업이 선물 수수 문제를 다루는 내부방침과 규정을 마련하는 것은 바람직하다.

일반적으로 선물은 공개된 선물과 은밀한 선물로 구분되며 공개된 선물이란 선물에 관한 규정에 따라서 정상적으로 받은 것이며 은밀한 선물은 그에 관한 규정을 위반하여 뇌물로 간주된다.

세 번째 질문에서 보는 것처럼 공무원의 업무가 취업을 하고자 했던 회사와 관련돼 있다면 해당 공무원은 소위 '회전문법(revolving door law)'에 해당되어 퇴직 후에 취업이 제한된다. 이 법의 취지는 퇴직 공무원이 스스로 또는 타인을 위해 이전의 공직을 이용하는 행위를 금지시키고자 한 것이다. 어떤 직무는 영원히 취업할 수 없는 경우도 있다. 따라서 정부 공무원을 고용하려는 회사는 반드시 구직을 원하는 공무원이 '회전문법(revolving door law)'에 위반되는지 여부를 확인하는 절차를 거쳐야 한다.

그 밖에도 회사 임직원은 다음과 같은 경우에 실제적이며 인식된 이익충돌이 야기될 수 있다.

- 기업의 경영진이 자신의 가족을 주요직위에 고용할 때
- 가족 구성원이 같은 부서에 있는 다른 가족에게 보고할 때
- 직원이 경쟁사를 위해 일하는 부업을 가질 때
- 직원이 자신의 이익을 위해 회사 소유의 정보를 이용할 때
- 불법적이며 허가받지 않은 정치 기부금
- 기업을 대표해서 업무를 수행한 후 경쟁사와의 관계에서 만

들어진 이익

- 회사의 업무를 다루면서 그것을 이용하여 대부 보증을 받는 것

● 기업의 이익충돌을 어떻게 다룰 것인가?

기업이 이익충돌을 피하는 첫 번째 단계는 충돌의 개념을 직원들이 명확히 인식하고 현실세계에서 이해할 수 있도록 정의해야 한다. 회사원은 주주와 회사의 책임과 일에 충돌하는 활동을 피하고 회사에 이익이 나도록 행동해야 한다. 직원은 자신의 지위를 이용해 개인적 또는 재정적 이익을 도모해서는 안 된다. 이것은 개인적인 혜택을 위해 직업적 전문성을 통해 얻은 정보의 이용을 포함한다.

직원은 실제 이익충돌 문제가 발생했다고 느낄 때 한 발 뒤로 물러서서 그 충돌이 실제적인지 또는 부당한 영향력으로 보일 소지가 있는지를 분간하는 것이 중요하다. 이익충돌의 윤리적 금지는 회사의 이익과 주주의 명성뿐만 아니라 회사원 자신의 이익을 보호하기 위한 최상의 효과가 있는 정책이다.

이것은 개인의 이익만을 위해 동기가 부여된 권한 남용 행위로부터 고객, 주주 및 일반시민을 보호하려는 것이다. 잠재적인 이익충돌의 보고는 직원들 전체에게 개방성과 투명성을 갖게 함으로써 새로운 조직 윤리를 창출하는 것이다.

(3) 기업윤리 실행프로그램

기업은 직원들이 자신의 관심사를 제기할 수 있는 열린 문화를

갖도록 장려해야 한다. 모든 직원은 자신의 행위가 경영정신과 윤리강령에 부합되도록 각자 개인적으로 책임 있는 행동을 해야 한다. 모든 직원에게 자기의 관점을 표현하고, 수용할 수 없는 행위나 요구는 알릴 것을 권해야 한다. 직원들이 어떤 관행들에 대해서는 우려할 수 있고 그런 것들을 해결할 조언과 지도가 필요할 수 있다는 것을 인정한다.

회사, 직원, 또는 사업파트너 측의 부정에 대하여 선의로 제기된 모든 우려는 철저히 조사하고, 그 조사결과를 처리하기 위해 적절한 조치를 취한다는 것이 윤리실행이다. '선의(good faith)'란 비록 나중에는 착오로 밝혀질지라도 그 당시에는 거짓 없고 정확하다고 믿은 정보를 제공했다는 것을 뜻한다. 그 우려를 제기한 직원에게 법적 요건이나 기밀유지 의무에 위반되지 않는 적절한 피드백을 주어야 한다. 조사를 수행하게 되는 경우, 공정한 절차를 따를 것을 보장하며, 특히 정당한 절차(due process)와 무죄추정(presumption of innocence)의 원칙을 존중한다. 조사과정에서 얻은 모든 정보는 '알 필요(need - to - know)'에 근거하여 공개되고, 선의로 우려를 제기한 직원은 보복당하지 않도록 보호해야 한다. 이슈제기는 정상적 업무라인을 통하고 그런 경로가 불편하다고 생각된다면 인사매니저(Human Resources Manager)에게 그 이슈를 제기한다. 직원 대표(staff representative), 고충처리절차(grievance procedure), 도움전화(helpline)와 같은 추가자원도 있을 수 있다. 기업 내의 익명의 보고를 금지하지 않지만 권장하지도 않는다. 선의로 우려를 제기하는 직원이 신분을 충분히 감출 필요가 없도록 충분한 보장을 해야 한다. 만약 익명으로 보고된다면 그것을 철저히 조사하는 것은 어려운 일이다.

미국의 법률체계는 기업이 내부 윤리절차를 구비하도록 요청하고 있다. 1991년 12월부터 시행하고 있는 미국 연방판결 선고지침(Federal Sentencing Guidelines)은 효과적인 윤리와 집행 프로그램으로 본질적인 기반을 제공하고 있다. 이 지침은 기업윤리가 좋지 않은 기업을 처벌하는 데 목적이 있는 것이 아니라 기업윤리가 좋은 기업을 보상해 주려는 의도에서 출발하였다.

비록 순수하게 자발적이긴 하지만 이 지침은 조직 내에서 범죄행위를 찾아내고 예방하도록 설계된 제도적 파수꾼으로 기업들에 강력한 유인책을 주었다. 이것은 잠재적으로 선고지침에 따른 기업에 법원은 가벼운 선고가 주어지고 기업의 위험을 줄이는 것을 포함하고 있다. 그것은 해당 기업이 어느 정도 선고지침에 따라 범죄행위에 대해 예방적인 윤리프로그램을 실행함으로써 범죄를 줄이는 데 효과를 거둔다고 보기 때문이다.

연방선고지침은 수많은 기업 스캔들을 통해 기업윤리의 보다 나은 진전을 이루었고 가장 우수한 관행(best practices)을 정착시키는 데 기여하였다.

기업이 윤리적 주제를 다루는 강력한 이유는 물론 이익의 실현일 것이다. 기업이 부패를 사업 수단으로 하여 정부 사업에 참여하거나 정부의 정책 결정이 유리하게 이루어지게 할 수도 있다. 그러나 많은 연구 결과에서 부패한 기업 관행을 없애는 것이 기업의 이윤 창출에 도움이 되는 것으로 나타났다.[34]

---

34) 김찬곤 역, 『반부패 시스템』(Jeremy Pope, National Integrity System The TI Source Book, Berlin: Transparency International, 1999), 도서출판 사람생각, 2000, p.195. 1995년 덴마크의 컨설턴트회사에 의해 개발된 기업윤리강령은 그동안 영역 밖에 있는 일이라

● 미국 기업의 효율적인 윤리와 준수 프로그램(effective ethics and compliance program)

1991년 미국 연방 선고지침위원회(Federal Sentencing Guideline: FSGO)는 효율적인 윤리와 준수프로그램을 위한 7가지 기본적 요건을 확정하였다.[35]

- 직원 등이 준수해야 할 윤리기준과 절차가 있어야만 한다. 이 기준과 절차는 범죄행위의 가능성을 적정하게 줄일 수 있어야 한다.

- 기업의 특정 고위직 임원에게 지침의 기준과 절차의 준수를 총괄적으로 감시할 책임을 부여해야 한다.

- 기업은 불법행위를 저지르거나 업무를 태만하게 처리할 여지가 있는 직원에게 재량권을 위임하지 않도록 주의해야 한다.

- 기업은 모든 임직원들에게 윤리기준과 절차를 효율적으로 전달하는 한편, 교육훈련프로그램을 사내에 갖추거나 윤리기준에 대한 안내책자를 발간한다.

- 기업은 직원들의 위법행위를 찾아내고, 회사 내 보복의 두려움이 없이 타인의 불법행위를 보고할 수 있는 시스템을 만들어야 한다.

- 기업윤리기준은 일관성 있는 적절한 징계제도를 갖추어야 한다. 여기에는 위법사실을 찾지 못한 데 대한 책임을 묻는 경우도 포함된다.

고 여겨 왔던 관행들을 없애는 것이 회사에 매우 이익이 된다는 사실에 따른 새로운 경영전략
35) FSGO의 지침은 http://www.ussc.gov/orgguide.HTM에서 찾을 수 있다.

- 위법행위를 찾아낸 후 그에 상응한 조치를 취하고 다시 유사한 범죄가 발생하지 않도록 합리적 조치를 취한다. 필요하다면 범죄 예방과 조사 프로그램을 수정한다.

미국 연방 선고지침위원회(Federal Sentencing Guideline: FSGO)는 기업이 위법한 행위를 하였을 경우 기업의 윤리프로그램의 준수 여부에 따라 형량을 경감할 수 있도록 허용한 것이다. 2004년 미국 연방 선고지침위원회(Federal Sentencing Guideline: FSGO)는 윤리와 준수 프로그램의 준거기준을 확대하여 윤리 및 준수프로그램의 효율성에 대한 정기적인 평가와 위기 평가 및 윤리적 행동들을 결정할 수 있는 조직문화(organizational culture)를 증가시키는 것을 포함시키기로 하였다.

또한 미국 연방 선고지침위원회(Federal Sentencing Guideline: FSGO)는 윤리프로그램의 효율적인 준수를 위해 6가지를 제안하고 있다. ⅰ) 문서화된 윤리강령, ⅱ) 사내 윤리교육, ⅲ) 윤리적 자문과 정보를 구할 수 있는 메커니즘, ⅳ) 비윤리적 행위에 대한 익명의 보고수단, ⅴ) 윤리행위 위반 직원들에 대한 처벌, ⅵ) 윤리강령에 근거한 직원들의 성과 평가 등이다. 미국 기업계에서는 기업의 범죄행위가 법 규정에 의해서는 해결하기가 쉽지 않고 전반적인 추세가 자율규제의 방향으로 가고 있는 것을 반영한 것이다. 정부의 윤리 규정을 소규모 기업에까지 적용하려는 연방선고지침에 의해 이익충돌 메커니즘은 민간 기업에까지 미치고 있다.

국가 기업윤리 지수 측정 결과(*National Business Ethics Survey*)
"How Employees Views Ethics in Their Organizations 1994 – 2005"

(1) 개요(Overall findings)

회사 종사자들은 자신들의 조직에서 윤리를 어떻게 보는가? 1994~2005년간 조사한 결과를 보면 국가적 수준에서 기업 내에서 이루어지는 윤리프로그램은 직원의 윤리수준을 향상시키며 윤리프로그램이 없는 기업들보다 직원들의 윤리의식에 향상된 결과를 가져왔다. 윤리프로그램이 직접적으로 직원의 행동 변화를 가져오지 못했지만 조직문화에 큰 영향을 미치는 것으로 나타났다.

(2) 윤리 프로그램의 효과성(effect of Ethics programs)

윤리프로그램의 효과성이란 기업이 윤리적 기준, 윤리적 교육, 윤리 담당기구가 없는지의 여부를 알아보는 종합적인 윤리프로그램을 가지고 있는지를 확인하는 것이다. 종합적인 프로그램을 가진 회사는 직원의 행동에 긍정적 영향을 미친다. 윤리적 조치는 직원들의 비윤리적 행위인식, 보고 및 그 보고에 대한 처리에 대한 만족을 증가시킨다.

즉, 윤리프로그램을 가진 회사는 그렇지 않은 기업에 비해 높은 윤리적 성과를 보였다.

(3) 책임성의 중요성(Differences by level of responsibility)

기업의 위계 내에서 최고경영층에서 시간제 근로자에 이르기까지 책임성의 정도를 비교한다. 일반적으로 회사에서 높은 지위의 사람들은 낮은 위치의 사람보다 더 긍정적인 견해를 가지고 있다. 비윤리적 행위에 참여를 유도하는 압력은 조직 내에서 하위계층으로 갈수록 증가한다. 기업윤리에 낙관적인 견해를 가질수록 비윤리적 행위에 노출되는 경우가 적은 것으로 나타난다.

(4) 직무의 기능상의 차이(Differences by job function)

근로자의 직무의 종류에 따라 윤리적 의식도 다르게 나타난다. 생산직 종사자들은 기업윤리에 대해 가장 비관적이며, 관리 · 인사 · 광고부서의 직원들은 가장 긍정적인 전망을 가진다.

(5) 업계의 차이(Differences by industry)

산업계의 종류에 따라 다른 결과를 가져온다. 건설 · 제조 · 운송 · 통신 · 공공시설의 종사자는 기업윤리에 대해 더 회의적이며 금융 · 보험업계는 기업윤리에 대해 가장 긍정적이다.

(6) 기업윤리지수 측정 결과

직원들은 일반적으로 그들의 결정과 행동을 안내할 가치 있는 윤리프로그램을 원하지만, 상명하복의 위계에 의존하고 직접 상사에게 윤리적인 문제를 호소한다.

거의 1/3의 직원들이 때때로 기업의 목적을 달성하기 위해 비윤리적 행위(Misconduct)에 대한 참여 압력을 받고 있다. 또한, 거의 1/3직원들이 근무현장에서 비윤리적 행위를 목격하고 있으며, 1/2에 달하는 직원들이 기업의 비윤리적 행위에 대해 보고했으며, 보고한 대다수의 사람들은 회사의 반응에 만족하지 못했다.

국가기업윤리지수(National Business Ethics)에 따르면 1994~2005년간의 조사 결과,[36] 기업체 종사자들은 기업 내에 윤리프로그램을 가진 경우에 윤리프로그램을 가지고 있지 않은 경우에 비해 직원들의 윤리의식이 향상되는 결과를 가져온 것으로 나타났다.

---

36) Ethics Resource Center, *2006 Dec. National Business Ethics Survey "How Employees Views Ethics in Their Organizations 1994 - 2005"*, p.1.

4. 로 비

　'로비'라는 말만큼 양면성을 띠고 있는 용어도 없을 듯하다. 로비는 정부의 결정에 영향을 미치는 것으로 의원, 공무원에게 시도하는 유·무형의 모든 영향을 말한다. 개인이 어떠한 여건에 처하든 자신의 이익을 위해 주장할 수 있으며 그것은 당연한 것으로 받아들여진다. 그럼에도 불구하고 로비가 부정적으로 인식되는 것은 공정한 정부의 결정을 왜곡함으로써 대중의 이익보다는 특정집단의 이익이 우선시될 수 있기 때문일 것이다. 그래서 각국들은 어떠한 형태든 로비를 규제하려고 한다.

　미국에서 로비가 매우 자연스러운 관행이자 정치문화의 한 단면으로 자리 잡은 것은 로비를 바라보는 미국인들의 시각에서 비롯되고 있다. 수정헌법 제1조는 "미국 연방 의회는 언론 출판의 자유나 국민이 평화롭게 집회할 수 있는 권리 및 불만사항의 시정을 위해 정부에 청원할 수 있는 권리를 제한하는 법률을 제정할 수 없다."고 명시하여 로비를 수정헌법이 규정한 기본권 중 하나인 청원권으로 보고 있다. 그 훨씬 전 미국 건국의 아버지들은 이해관계 당사자들이 기득권을 이용해 비밀리에 자기 이익을 챙기는 것을 막기 위한 수단으로 로비활동을 정당한 정당 활동으로 긍정적으로 받아들였다.

　따라서 입법 – 사법 – 행정 – 언론에 이은 제5부, 상 – 하원에 이은 제3원으로 불릴 만큼 강력한 정치적 영향력도 갖고 있다. 미국 의회는 작게는 미국 내 주류사회와 50개의 주정부를, 넓게는 세계 정치와 경제 전반의 의견이 미국의회로 집결되어 각계·각층의 전문가와 이익단체 그리고 시민들의 의견을 모아 세계 모든 분야에 영향을 미치고 있다.

로비스트라는 말은 그랜트(Ulysses S. Grant) 대통령[37]으로까지 거슬러 올라간다. 그랜트 대통령은 일과 후 백악관을 나와 고풍스런 위라드 호텔에서 시가와 위스키를 마시며 친구들과 대화하기를 즐겼다. 이후 개인적 혹은 정치적인 지지자들이 찾아와 호텔 로비에는 정부계약, 입법에서 유리한 입지를 차지하기 위해 대통령과 면담하고자 하는 사람들이 몰려들기 시작하여 이것이 오늘날 로비스트의 유래가 되었다 한다.

로비는 앞서 언급한 대로 어떤 개인이나 단체가 입법이나 행정조치로부터 보호하고 이익을 취하기 위하여 의회나 행정부처에 영향력을 행사하는 일을 지칭하며, 국가기관을 상대로 개인이나 단체가 영향력을 행사하기는 어려우므로 의원이나 공무원들과의 접촉혹은 관계를 맺어 이익을 추진하는 전문가들을 로비스트라 부른다.

---

37) Ulysses S. Grant 대통령: 제18대 미국대통령, April 27, 1822~July 23, 1885.
http://www.kittytours.org

워싱턴 국회의사당 옆을 지나는 K 스트리트는 일명 로비의 거리로 불린다. '케이 스트리트'란 로비회사들이 몰려 있는 워싱턴 중심가의 도로 이름이며, 대략 1만 명이 넘는 로비스트들이 상주하고 있다.

(1) 로비스트의 역할

미국에서 로비는 매출액이 연간 수십억 달러에 달하는 하나의 거대한 산업이며 워싱턴의 K가에 로비스트 사무실이 모여 있어 'K-street'산업이라고 한다. 2000년 이후 등록된 로비 숫자는 34,785명으로 2배에 이르고 있으며, 연방로비에 쓰인 돈만 해도 2005년 20억 1천만 달러를 지출하였다.[38] 10대 로비스트업체를 선정해 발표하는 미 시사주간지 내셔날 저널에 따르면 지난해 수입규모 1위를 차지한 로비업체의 경우 수입액이 1,433만 달러였고 1,300만 달러 이상인 회사도 4곳이나 됐다. 최근 들어 로비의 범위가 입법과정에 영향을 미치는 전통적 로비에서 행정부 결정과 법원의 판결까지 적극적으로 개입하는 양상이다.

---

38) "Reforming K Street", Magazine of American University, spring 2006, p.13.

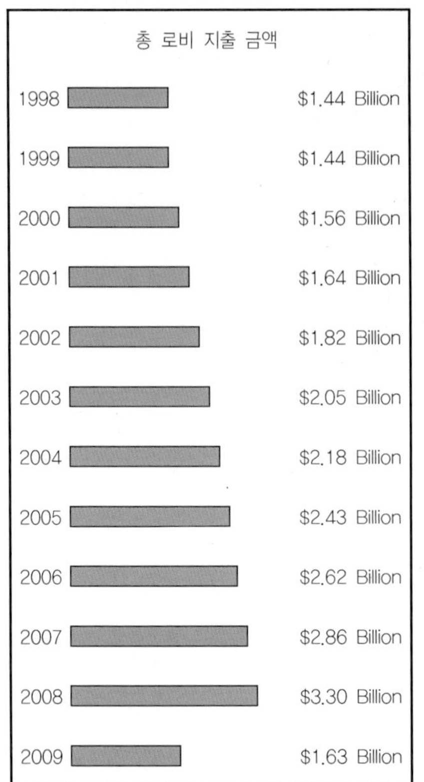

* 출처: http://www.opensecrets.org, The Center for Responsive Politics

【그림 2-2】 로비지출금액과 로비스트 수

로비스트는 가장 먼저 자신의 고객들에게 어떠한 일의 의사결정권을 지닌 의원들과의 접촉을 연계해 준다. 자신의 가능한 연줄 혹은 인맥과 풍부한 지식을 통해 그 분야의 영향력을 가진 사람들을 만나고 그 결정에 있어서 로비회사의 이익을 최대한 추구하는 방향으로 이끌어 간다. 그리고 전략적으로 얼마나 잘 의사결정권자들을 설득하고 자신들의 방향으로 끌어들일 수 있는지 확실한 전략을 수립해 주는 역할을 한다. 따라서 로비스트는 얼마나 영향력이 있는 사람들을 잘 알고 분석할 수 있는가가 로비스트의 중요한 역할로 손꼽히고 있다.

(2) 이스라엘의 대미 로비

오늘날 미국에서 가장 강력한 로비력을 갖고 있는 나라를 손꼽으면 서슴지 않고 이스라엘을 들 수 있다. 이스라엘의 로비는 건국 당시까지 거슬러 올라간다. 이스라엘의 건국의 아버지인 구리온(David Ben Gurion)은 1941년 12월 당시 미국 대통령인 루주벨트(Franklin Delano Roosevelt)를 만나 유대인 국가(Jewish State) 건국의 필요성을 설명하기 위해 K가의 호텔에서 10주 동안이나 머물렀으나 끝내 면담은 이루어지지 않았다. 1942년 그는 미국을 떠나 팔레스타인으로 돌아왔고 유대인 국가를 세웠다.

그 이후 60여 년이 지난 현재 이스라엘의 총리는 미국 대통령과 배석자 없는 비공식 미팅, 저녁식사를 갖게 되고 더 나아가 상·하원 연설을 하게 된다. 사실 이러한 것들은 이스라엘의 파워가 아니라 이스라엘의 로비력이 인정된 결과이다. 이스라엘의 로비력은 유대인 조직(AIPAC),[39] 선거 기부금, 미국 내 싱크탱크 등 전방위적인 것이며 군사적으로 나토와 동등한 지위를, 경제적으로는 멕시코·캐나다와 동등한 지위를 얻고 있으며 매년 30억 달러의 외국 원조까지 받아 가고 있다.

---

39) AIPAC(American Israel Public Affairs Committee)는 미국 내에서 회원 10만 명이며, 최근까지 이스라엘의 목소리를 백악관에 전달하는 가장 최상의 방법으로 전해지고 있다.

(3) 로비스트 공개법의 운영

　로비제도는 미국의 정치·문화적 배경의 단면이라고 불리고 있지만 부패문화(culture of corruption)로 일컫는 고비용의 선거문화[40]가 로비를 통한 부패를 양산한다는 비판이 제기된다. 즉, 미국에서 공직윤리의 가장 취약한 분야가 로비스트 관련 제도이다.

　미국은 로비로 인한 뇌물수수 및 정치부패 근절을 위해 수차례에 걸쳐 로비관련법을 다듬어 왔다. 1946년 제정된 연방로비규제법을 시작으로 보완을 거친 끝에 탄생한 것이 1995년 로비공개법이다. 이러한 법은 로비활동을 긍정적으로 받아들이는 대신 로비스트는 등록을 해야 하고 돈 쓰는 내역을 일반에 투명하게 공개하도록 한 것이다. 그렇지 않으면 이 제도가 남용될 가능성이 있기 때문이었다. 따라서 로비를 법의 테두리 안으로 끌어들여 로비활동의 자유는 철저히 보장하지만 그 과정은 유리알처럼 투명하게 함으로써 로비에 따른 부패 가능성을 원천적으로 봉쇄하고 있다.

　로비공개법에 따르면 자기시간의 20% 이상을 로비활동을 위해 사용하고 6개월간 5,000달러 이상을 받는 로비스트와 이들을 고용하는 로비회사는 의회에 등록하고 매년 2월과 8월 두 차례에 걸쳐 로비활동 내용을 신고해야 한다. 로비스트의 이름, 사무실 위치, 고용업체, 계약기간, 보수 등 로비스트에 대한 세세한 정보는 물론 로비를 위해 누구를 만나 얼마를 썼는지까지 낱낱이 밝혀야 한다.

---

40) Magazine of American University, spring 2006.
　　1990년 국회의원 선거비용은 1인당 평균 60만 7천 달러에서 15년 후에 144만 달러로 급등하였고 1998년 868개의 정치활동위원회에서 5억 2천5백만 달러를 정치과정에 영향을 미치기 위해 지출하였다.

예컨대, 미국-이스라엘 홍보위원회(AIPAC)는 로비력에서 타의 추종을 불허하는 유명한 유대인 로비단체이다. 유대인들이 미국인구의 2.8%에 불과하면서도 의회와 행정부에 대한 강력한 영향력을 행사하는 이유는 회원 10만 명에 로비스트 200명으로 연간 4,700만 달러를 쓰는 로비단체가 있기 때문이다. 그러나 최근에는 유대인의 이익에만 앞장서 미국의 외교정책을 왜곡한다는 비판도 받고 있다.[41]

미국의 로비스트공개법은 그 이름에서도 알 수 있듯이 로비활동을 규제하기보다는 감시절차를 통해 투명성을 유도하려는 게 그 의도다. 하지만 상-하원 의원과 보좌관, 행정부 내 임명직 공무원 등을 대상으로 한 로비 내역만 공개토록 하고 있어 다양한 형태로 이뤄지고 있는 로비의 전모를 밝히기 어렵다는 한계도 있다.

로비를 인정한다고 해서 로비로 인한 뇌물 수수 및 정치부패가 근절되는 것은 아니다. 또한, 이익을 위해 수단과 방법을 가리지 않고 전직 관료들이 로비스트로 활동하는 '회전문 현상'은 적지 않은 우려를 낳고 있다. 전직 의원들과 관료들은 과거의 인맥을 동원해 효율적으로 영향력을 발휘할 수 있지만 관(官)계와 업(業)계의 경계를 흐린다는 비판을 받고 있다. 로비활동을 거치면서 로비집단과 행정부, 의회 간에 그들만의 이해를 위한 철의 삼각구조가 고착화되는 것도 커다란 폐해로 지적된다.

윤리정부를 내건 버락오바마 행정부는 돈과 접근권을 가진 자들이 특수한 이해관계와 압력으로 로비스트를 통해 접근하기 때문에 로비스트의 영향력을 줄이는 것이 부패를 예방하는 것으로 로비스

---

41) "*A beautiful Friendship?: In search of the truth about the Israel lobby's influence on Washington*" Washingtonpost, July 16, 2006.

트로 일했던 사람은 최근 2년동안 정부 임명직에 지명될 수 없도
록 했다.

Lobbyist J. Abramoff 스캔들

Jack Abramoff(가운데)가 2006. 1. 검찰과 유죄인정(plead guilty) 후 연방법정을 나서고 있다.
2008. 9. FBI의 수사에 협조하여 최고 11년인 형량을 4년 형으로 선고받았다.

로비스트 잭 아브라모프는 2006년 초 검찰과 유죄인정 합의(plea
bargain)를 했다. 유죄인정 합의란 형량을 줄이는 조건으로 유죄를
인정하고 불법사실을 털어놓는 것으로 미국 형사소추사건의 95%
가 이러한 과정으로 판결된다. 아브라모프는 3가지 범죄를 인정했
다. 첫째는 여러 의원·보좌진들에게 입법 활동의 대가로 여행, 골
프외유, 향응 등 뇌물을 제공한 것이며,[42] 둘째는 로비자금을 자선
단체를 통해 받고 개인적으로 2,500만 달러를 사용함으로써 탈세
(tax evasion)를 한 점이며,[43] 셋째는 루이지애나 주 인디언 부족들

---

42) "Conspiracy to bribe public officials": 18 U.S.C. § 371.
43) "Tax evasion": 26 U.S.C. § 7201.

로부터 도박허가 명목으로 8,000만 달러를 받은 사실은 사기(fraud)
였다는 점[44]을 인정하였다. 아브라모프는 자신의 형량을 줄이기 위
해 의원과 연방공무원에 대한 불법로비 활동을 모두 증언하고 검
찰에 협조했다.

이번 스캔들은 공화당계 로비스트 잭 아브라모프가 백악관 실세
들의 후광을 업고 K 스트리트에서 로비의 제왕으로 군림하며 카지
노 사업권 허가를 미끼로 미시시피, 루이지애나, 미시건 인디언 부
족들로부터 수천만 달러를 받아 로비 자금으로 뿌리는 과정에서
불법행위가 검찰에 적발되면서 야기되었다. 하원 원내대표였던 톰
딜레이 의원(Tom Delay, R-Texas)은 아브라모프로부터 1억 원 이
상의 해외 골프 접대를 받았고, 밥 네이(Robert Ney, R-Ohio), 존
두리틀(John T. Doolittle, R-Cal) 등 수십여 명의 공화당 의원들과
보좌관들이 검찰의 수사를 받았다. 아브라모프는 의원들은 물론 일
부 언론인들에 접근해 돈을 주고 자신에게 유리한 칼럼을 써 달라
고 부탁했다. 아브라모프 파문이 번지자 후원금을 받은 백악관은
물론 많은 의원들이 자선단체에 기부금 형식으로 돈을 냈다.

사실 이번 스캔들의 이면에는 수십 년 동안 의회를 차지해 온
공화당 그리고 미국에서 금기시하는 인디언의 문제가 구조적으로
얽혀 일어난 사건이었다. 미국에서 인디언은 자치정부를 구성하며
카지노 사업 및 관광 사업에서 일종의 특혜를 받고 있었다. 공화당
계의 최고 로비스트였던 아브라모프는 카지노 부자인 인디언 종족
들로부터 팔천이백만 달러를 모금하여 수많은 의원, 보좌진 및 연
방 공무원들을 상대로 호화여행, 식사, 스포츠 관람 티켓을 주며

---

44) "Honest Services Mail Fraud": 18 U.S.C. § 1341 and 2.

전방위적으로 로비하였으며 인디언들이 직접 정치 기부금을 내도록 하였다. 또한, 인디언들은 자신들의 카지노 사업에 영향을 미치는 인터넷 도박금지 입법을 로비하였으며 이 과정에서 자신은 수백만 달러를 횡령하였다.

이렇게 불거진 부패스캔들은 공화당의 의회지배를 민주당으로 바꾸는 계기가 되었으며, 톰 딜레이 하원원내대표의 정계은퇴와 더불어 로비제도를 쇄신하는 계기를 가져왔다.

2006. 1. 아브라모프 스캔들 관련 '투명한 정부, 정직한 리더십'을 슬로건으로 정부를 개혁하겠다며 민주당지도부가 기자회견을 하고 있다(왼쪽부터 오바마 상원의원, 레이드 상원대표, 펠로시 하원대변인).

○ 밥 네이 연방하원의원 스토리

밥 네이 연방하원의원은 아브라모프와 그의 고객들을 위한 공식적 행동의 대가로 정치기부금을 받고, 비싼 식사와 호화여행 및 스카이박스 스포츠 관람티켓을 받은 사실을 시인(guilty pleas)하였다. 이로 인해 그는 최대 10년 형량을 27개월로 감형받았으며 벌금으

로 6만 달러를 선고받았다.[45]

○ 스틸웰 연방공무원 스토리

스틸웰은 연방내무부(Interior Department Insular Affairs Office)에 근무하면서 머리나 섬의 복지 정책을 다루고 있었다. 그 당시 아브라모프로부터 섬의 복지 문제에 대해 로비를 받으면서 수백 달러의 풋볼과 콘서트 티켓을 받았으나 신고하지 않아 2년의 집행유예와 1,000달러의 벌금을 선고받았다.[46]

○ 사파비안 백악관 보좌관 스토리

부시 행정부의 연방조달의 최고 책임자였으며 백악관의 공무원인 사파비안은 연방정부의 땅 두 곳을 매입하려고 로비하던 아브라모프로부터 스코틀랜드 골프여행을 위한 비행기 티켓(3,100달러)을 지원받았다. 연방정부의 땅 매각에 대한 로비는 성공하지 못하였으나, 사파비안은 조달공무원(GSA: General Service Administration)을 설득하는 방법이 담긴 이메일이 발견되었고, 감사활동을 방해하고 일부 자료를 숨기려는 혐의로 유죄 판결을 받았다.[47]

---

45) "Rep. Bob Ney Pleads Guilty to Bribery", Associated Press Oct. 13, 2006.
46) "Ex-Interior Deputy a Target in Abramoff Prob", Washington Post. January 10, 2007.
47) "Ex-Aide to Bush Found Guilty", Washington Post. June 21, 2006.

유죄인정 협정과정(The plea agreement process)

(1) 개요[48]

유죄인정 협정과정은 검사와 피고인이 형을 감형(lesser sentence)하거나 동일 형을 받으면서 유죄인정(plea guilty)을 교환함으로써 재판을 단축(bypass trial)하는 사법적 합의이다. 유죄인정협정 과정은 미국 사법체계에서 중요하며 미국 형사소추사건의 95%가 유죄인정협상(plea negotiations)에 의하여 판결된다. 유죄인정협상(plea bargaining)은 검사에게 시간과 비용을 절약하기 위해 기소사건들이 유죄인정협상이 이루어지도록 인정하고 있다. 이 과정은 국가법률협회의 국가기소표준(the national district attorneys associations national prosecution standards 66 − 72 outlines)에 따른다.

(2) 유죄인정 협상의 유형

형사 사건 중 효과적인 국가행정기관의 국가이익이 되는 사건에 대하여 검찰에 유죄인정협정에 참여할 권한을 부여하며 이 과정에서 검찰의 책임은 없다. 검찰은 사건의 환경에 따라서 다음의 한 가지 이상에 합의한다.

a. 만일, 피고가 유죄인정 합의에 참여하면 부과된 형에 적절한 권고를 하거나 그 형에 반대하지 않는다.

b. 만일, 피고가 피고의 행동에 의하여 유발된 범죄에 대해 유죄인정 합의에 참여하면 기각에 반대하지 않거나 그 형을 기각하도록 권고한다.

c. 만일, 피고가 유죄인정 협의에 참여하면 피고인은 잠재적인 범죄 또는 다른 범죄행위를 기각하는 데 반대하지 않거나 그 형을 기각하도록 한다.

(3) 유죄인정 협상의 유용성

유사한 피고인에게는 실질적으로 동일한 유죄인정협의 기회(uniform plea − opportunities)가 부여되어야 한다. 유죄인정협의는 검찰기소에 유용해야만 하지만 절차상으로 엄격해야 하며 한정된 환경이 필요하다.

---

48) The National District Attorneys Association's National Prosecution Standards 66 − 72 outline how plea agreements should be determined.

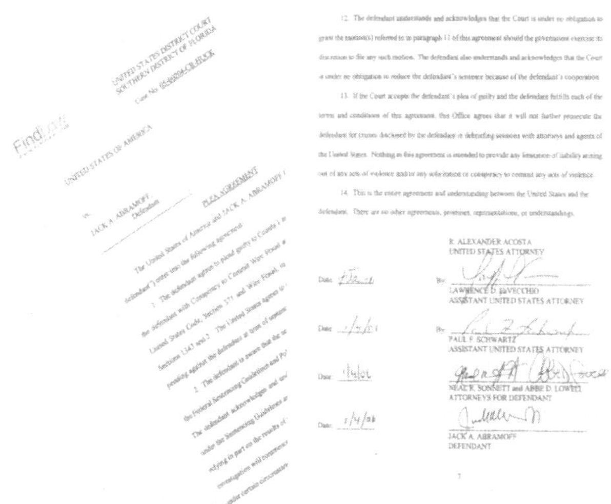

【그림 2-3】 미국 검찰과 아브라모프와의 유죄인정(Plea Agreement) 문서

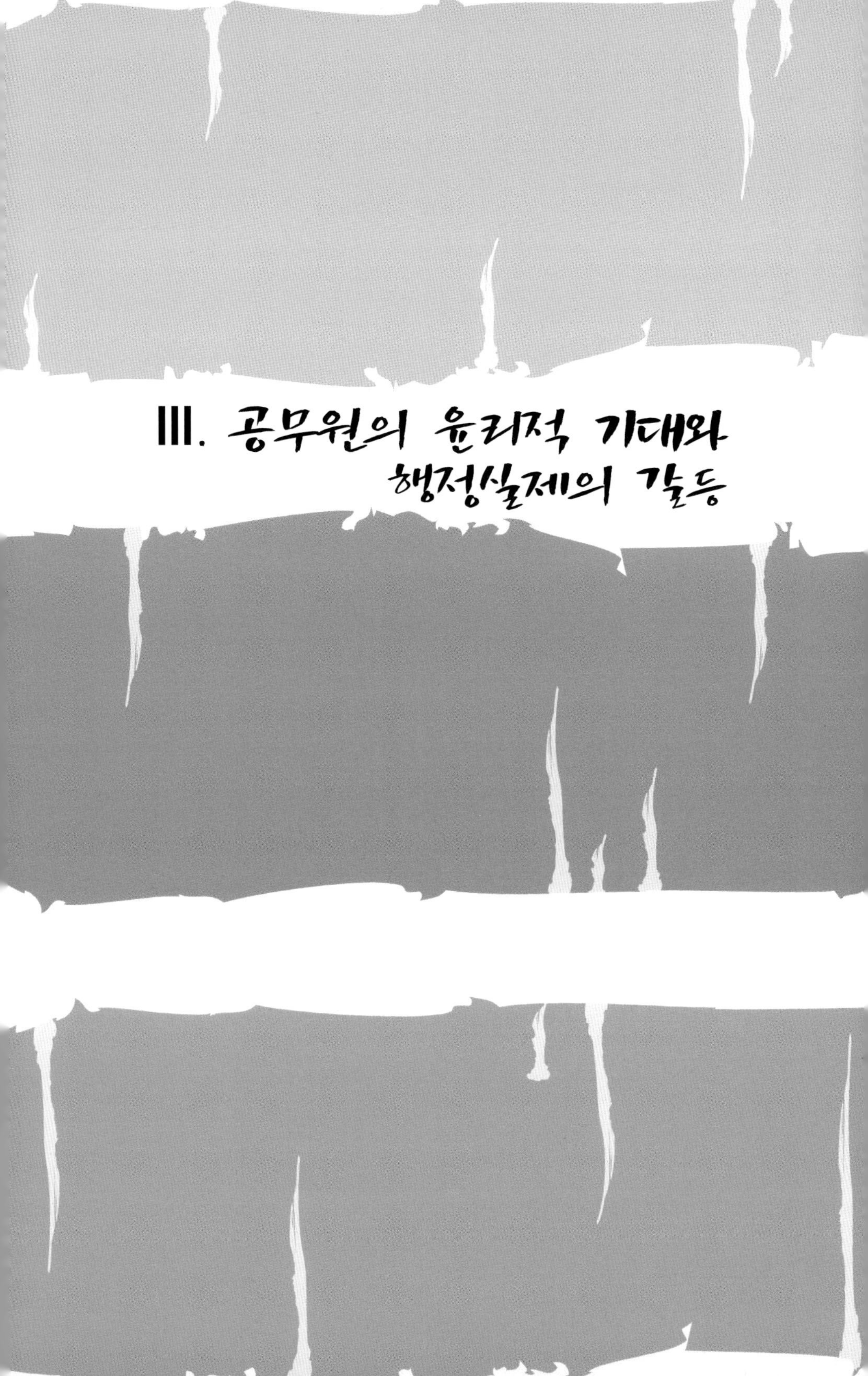

Ⅲ. 공무원의 윤리적 기대와 행정실제의 갈등

1. 윤리적 딜레마의 이론적 배경

이익충돌의 본질을 생각하기 전에 이익충돌이 야기될 수 있는 윤리적 관심을 논의해 볼 필요가 있다. 정부와 국가의 역할이 계속하여 변화하고 공공부문에서의 청렴성에 대한 전통적인 사상도 변하고 있다. 과거 공공부문에서의 윤리 법률과 강령은 전형적으로 선언적인 규정에 그쳤으며 외적인 통제는 청렴성을 일탈하는 경우 제한된 범위 내에서 절차와 집행을 명시하는 지침(low road)에 의존하였다. 그러나 오늘날 이러한 소극적인 예방으로는 공익에 대한 단순한 제약·금지를 넘어서 공무원의 심리적 판단의 필요성에서 야기되는 부정행위(malfeasance)에 대해서는 대처하지 못하게 되었다. 따라서 공무원의 개별적인 행정행위에 대해 심리적인 관점에서 들여다보고 공익과 공무원 개인의 사익 상호 간에 충돌(conflict)적인 상황을 판단할 필요성을 중시하는 높은 길(high road)에 초점을 맞추게 되었다.

어쩌면 늘 그래 왔던 것처럼 현대정부와 공공부문의 직업윤리체계와 윤리적 의사결정의 진정한 핵심은 신탁의무와 공직 남용의 상관적인 개념이다. 공무원으로서 행정조치를 취하는 것은 어떤 의미에서는 권력을 행사하는 것이다. 직업윤리법률과 강령은 이를 인식하고 특정한 용납되지 않는 행동을 전적으로 금지하고 전반적으로 기대되는 원리를 지켜 나가도록 하고 있다. 윤리강령이 잘 문서화되어 있지 않은 경우 또는 기재된 사항들이 시행에 있어 어떠한 의도를 지니는지 포괄적으로 이해하기 위한 훈련이 제대로 수행되지 않은 경우 혼동이 발생한다.

윤리적 문제란 가치가 경합하는 것이고 애매모호한 가치들에 대해 판단하는 것이다. 모든 정부의 기본적인 전제는 정부의 권한이 국민들로부터 나오며, 입법부, 사법부, 행정부의 공무원은 국민들로부터 신탁받은 권한을 행사하는 것이다. 공무원의 권한 행사는 국민의 이익(benefit)을 위해서만 사용해야 하며 결코 공무원 그 자신이나 소수의 이익을 위해 사용해서는 안 된다. 따라서 청렴성은 국민들이 받아야 할 서비스를 정부로부터 제대로 받도록 이끄는 최우선적인 길이며 공무원이 공적 업무를 수행함에 있어 금전 등 어떠한 내·외부적 요인에 영향을 받아서는 안 되는 이유가 바로 여기에 있다.

(1) 이익충돌(Conflict of interests)의 정의

이익충돌(A conflict of interests)은 정치인, 공무원, 법률가 또는 기업의 경영진과 같은 신탁된 지위를 맡은 자가 직업적 혹은 전문적 이익(professional interests)과 개인적 이익(personal interests)이 경쟁을 하는 상황을 일컫는다. 그러한 경쟁적 이익은 자신의 공적 업무를 공평하게 수행하는 데 어려움을 만들 수 있다. 더 일반적으로 이익충돌은 정부뿐만 아니라 사기업도 포함되며 개인이 맡은 공식적이며 전문적인 능력을 발휘하는 공익적 측면과 개인의 사익 사이에 야기되는 상황으로 정의된다.[49] 이익충돌(Conflicts of Interest in the public sector)은 공무원이 공적 업무를 수행하면서 공무원의 사익(private interests)에 의하여 영향을 받거나 영향을 받는 것으로 보일 때 발생한다. 이익충돌은 개인적인 이익을 얻을 뿐만 아니라 개인적인 불이익을 피하는 것과 관련될 수 있으며 사익(private interests)은 재정적 이익뿐만 아니라 가족과 친구를 포함한 개인이나 집단의 이익과 사회적·전문적 활동을 포함할 수도 있다.[50]

이익충돌은 부정한 행위(wrongdoing)의 증거가 있거나 없거나 또는 의도가 있거나 없거나 존재한다. 사실 많은 전문적 직업은 때때로 이익충돌을 회피하기가 불가능한 경우가 있다. 비록 부조리한 행동(improper actions)에 대한 증거가 없더라도 이익충돌은 자신의 지위에서 나오는 신뢰(confidence)를 해칠 수 있는 부당함을 야기할 수 있다. 즉, 개인이 사적인 이익을 위해 업무를 수행했는지 여부와 관계없이 논란이 야기될 수 있으며 이러한 논란은 그 진위 여부와 관계없이 국민신뢰를 떨어뜨리는 원인이 되고 있다. 따라서 미국을 비롯한 선진국에서 이익충돌 문제를 법률적 과제(legal matters)로 다루는 이유가 바로 여기에 있다.

사실 이익충돌을 이해하는 한 가지 방법은 '역할의 갈등(conflict of roles)'이란 단어의 사용을 이해해야 한다. 두 가지 역할을 가진 사람, 예컨대 주식을 가진 개인이 동시에 정부의 공직자인 경우 두

---

49) Daniel Oran, *Law dictionary for nonlawyers*(West Thomson learning: 2000), p.67.
50) Independent Commission against Corruption in Australia, "*Identifying and managing Conflicts of Interest in the public sector*"

역할은 갈등을 경험하게 될 가능성이 있다. 두 역할을 가진다는 것은 불법은 아니지만 어떤 환경에서 부패를 포함한 부조리한 행동(improper acts)을 위한 인센티브를 제공할 수 있음에 틀림없다. 주식 소유공무원이 해당주식의 기업에 유리한 정책결정의 위치에 있게 된다면 공무원의 주식에 대한 이익은 공평한 업무처리를 어렵게 만드는 중대한 요소가 된다. 또한 특정회사의 주식을 소유한 판사가 그 회사 관련 소송을 맡는 경우, 동일한 로펌회사에서 소송의 당사자 쌍방을 동시에 변호하게 되는 경우 등도 이익충돌 위반 상황이다.

이익충돌 그 자체는 잘못된 것은 아니며 이익충돌을 어떻게 관리하는지가 중요하다. 공무원도 자연인이고 자신의 사익이 있을 수 있으며 이 경우 사익이 공익을 위한 공적 활동에 충돌을 빚을 때 발생한다. 그래서 모든 이익충돌은 공개가 필요하고 효율적으로 관리되어야 한다. 국민들은 공무원이 공정하게 업무를 수행할 것을 기대할 권리를 갖는다. 공무원은 정책결정을 함에 있어 자기이익, 사적 관련성 또는 개인적 이익과 손실의 가능성에 영향을 받아서는 안 된다. 즉 이익충돌이 조직과 개인의 청렴성에 영향을 미치며 국민신뢰를 해칠 수 있기 때문이며 해결 안 되고 잘못 관리된 이익충돌은 실제로 부패를 낳거나 공직 남용을 가져온다.

개인의 사익과 공익 사이에 갈등을 피해야 한다. 이익충돌을 합리적으로 피할 수 없는 곳에서는 공무원이 가질지도 모르는 이익충돌을 효율적으로 관리하고 확인할 책임이 있다. 이런 경우 해당 공무원은 최소한 자신의 상사와 상담할 필요가 있다.

(2) 이익충돌(Conflict of interests)과 합법적 부패(legalcorruption)

이익충돌과 부패의 관계는 각각의 특성에 명료하게 도움을 준다. 부패행위는 이익충돌을 야기할 수 있지만 이익충돌이 부패행위라고 말할 수는 없다. 일반적으로 부패는 사익을 위한 공적 권한의 남용[51]이며 심각한 범죄를 구성하는 반면 이익충돌은 특정한 행위가 비윤리적 행위이거나 공익과 사익 사이의 갈등을 야기하는 환경에 의존하는 윤리적 갈등 상황이다. 즉 부패는 이익충돌의 스펙트럼 중 극단의 영역에 놓여 있다. 이익충돌은 잘 관리되지 못하면 부패를 야기할 수 있는 잠재적인 부패(potential corruption)라는 점에서 중요하다. 따라서 이익충돌을 다루는 궁극적인 목적은 정부의 청렴성 확보에 있다.

우리는 "부패란 무엇인가?"라는 질문에서부터 논의를 시작한다. 부패의 개념은 접근 방식에 따라 달리 규정된다. 일반적으로 부패의 개념적 정의는 사익을 위한 공권력의 남용행위이며 매우 다른 방식으로 나타난다. 뇌물(bribery)·독직(graft)·횡령(embezzlement)·사술에 의한 취득이득(fraud)·직무상 부당취득(extortion)·자신의 지지자에 대한 관직제공(patronage)·친인척의 공직 등용(nepotism)·친구의 승진 등의 편의 봐주기(cronyism), 그리고 공공 조달 시 리베이트(kickback) 등 형태로 나타난다. 이러한 부패는 정부의 신뢰를 실추시키고, 생산성을 떨어뜨려 비용을 증가시키고 투자를 감소시

---

51) Transparency International, *"The Sources generally define corruption as the misuse of public power for private benefit, which includes the bribing of public officials, kickbacks in public procurement and embezzlement of public fund"*

킨다. 또한 중·소기업의 발전을 제약하며 공공 재정 관리체제를 약화시키는 등 경제적 발전에 부정적 영향을 미친다.[52]

일반적으로 부패는 사적 이익을 위해 공권력을 남용하는 것이다. 그러나 이러한 정의 방식에 대해 여러 측면에서 문제가 제기된 것도 사실이다. 그 가운데 첫째는 이 정의를 구성하는 각각의 개념에 대해 추가적으로 정의를 필요로 한다는 것이다. 즉 '사적 이익'이란 무엇이고 '공권력'이란 무엇인가, 또한 '공권력의 남용'이란 무엇인가 등에 관해 좀 더 구체화되어야 한다. 만일 위와 같은 부패의 정의에 대해 쉽게 합의가 이루어진다 하더라도 어떤 구체적 행위가 부패에 해당되는가를 판단하는 것 또한 쉽지 않을 것이다. 공무원이 행정행위를 통해 자신이나 가까운 사람들을 위해 사익을 추구했다고 보았을 때 해당 공무원의 행위가 모든 공무원에게 동일한 영향력과 동기부여를 가진다고 볼 수 없다.

예를 들어 어떤 공무원이 고가의 선물을 받았을 경우 어느 기업인이 선물을 전달한 경우를 생각해 보자. 무엇이 부패에 해당하는가 하는 문제는 주고받은 선물이 얼마인지, 평소에 당사자들 사이의 관계가 어떤 것이었는지, 선물이 전달된 경로가 어떤 것이었는지 등에 따라 달라질 수 있는 것이다.

따라서 부패가 특정한 상황에서 어떻게 작동하는가에 대한 모델을 요구한다. 그럼에도 불구하고 부패에 대한 인식은 한 사회의 전통과 관습 등 사회문화적 배경에 따라 크게 달라질 수 있다. 부패

---

52) Kaufmann Daniel and Aart Krany, *Growth Without Governance*(Worldbank, Economia, 2002), pp.169 - 229.
　　World Bank는 부패를 경제적·사회적 발전에 대한 거대한 장애로 일컬으며 뇌물은 매년 전 세계에서 총 1조 달러의 경제상실을 초래한다고 하였다.

의 정의에 적용되는 부패의 범위와 기준이 사회구성원들의 합의에 어느 정도 기초하고 있으며 시간적, 공간적 영향을 받는 문화적 특성을 갖고 있기 때문이다. 사회구성원의 합의를 바탕으로 이를 강제할 수 있는 사회적인 가치나 규범을 담고 있는 부패개념의 정의가 필요한 것도 이 때문이다.

한편, 유수한 워싱턴 연구소 및 미국언론에서는 인습적인 부패의 정의에 대한 도전으로 광범위하게 사용되는 용어가 합법적 부패(legal corruption)이다. 고전적 의미에서 부패는 아니지만 정상적인 행위로 위장해서 이루어지는 제도상의 교묘한 게임형태로 이루어지는 부패라고 정의한다.[53] '합법적 부패' 또는 '제도화된 부패'는 의원 또는 공무원이 자신의 부패행위(conduct of corruption)를 보호하기 위해 법적 틀(legal framework)을 구축하는 것이다. 이러한 부패 친화적 법적 틀(corruption prone legal framework)은 엘리트에 의한 지대추구(rent-seeking)의 행태를 보이며, 합법적으로 부패를 보호하기 위해 많은 비용을 치르게 된다. 따라서 법적 틀(legal framework)과 관련해서 법이나 제도 내에서 이루어지는 부패를 우리는 '합법적 부패', 'legal corruption'라고 부른다.[54]

미국 내에서 합법적 부패(legal corruption)로 거론되는 제도는 의회예산집행제도인 기금(earmarks)의 운영이다. 의회는 특정프로젝트나 프로그램운영을 위해 의회 재량으로 기금을 편성하고 지출한다. 이 과정에서 의회가 많은 로비스트들에 의해 영향을 받았으며 기금

---

53) Daniel kaufmann and Pedro C. Vicente, 'Legal corruption', August, 2007, pp.6-7.
54) The center for public integrity, "A climate of legal corruption", p.4.
　　see www.publicintegrity.org

(earmarks) 예산이 공화당이 집권한 이후 두 배 가까이 증가하였다.

이와는 반대로 불법적 부패(illegal corruption)는 부패가 법적 틀 (legal framework) 없이 법 밖에서 외생적(endogenous)으로 발생될 때를 일컫는 것으로 통상적인 부패행위가 이것에 해당된다.

그럼에도 불구하고 부패의 대립명제는 정부의 청렴성에 있음을 주목해야 한다. 부패가 국민의 정부신뢰를 실추시키는 것이라면 청렴성은 국민의 정부신뢰를 유지하면서 더욱 고양시키는 것이다. 부패가 정부 효율성을 낮추고 선량한 시민에게 피해의식을 갖도록 하는 것이라면 청렴은 국민 스스로 공동의 이익을 생각하고 건전한 시민의식을 고양시키는 것이다. 따라서 우리는 청렴은 무엇인가라는 관점에서 접근해야 한다. 부패라는 한정된 기준, 범위를 갖고 접근할 것이 아니라 국민의 신뢰를 확보하고 궁극적으로 국민 복지를 증진시킬 수 있는 적극적 시각으로 전환되어야 한다. 이러한 관점에서 공직자의 부패에 대한 적발과 처벌이라는 사후적 대응이라는 기존의 낮은 길(low road)에서 공직자의 윤리의식 제고를 통한 청렴의 높은 길(high road)로 나아갈 수 있도록 정당하고 정직한 정부를 이루기 위한 제도를 실현해야 한다.

청렴의 윤리적 가치와 표준은 문화를 초월하여 이루어질 수 없으며 문화에 따라 다양하게 이해되고 개념도 달리 정의된다. 따라서 윤리 개념인 청렴도 문화적인 배경에 따라 다양한 의미를 가지는 것은 당연하다고 하겠다. 미국은 무엇보다도 법이 중요한 국가이다. 미국 사람들은 청렴(Integrity)이라는 말을 "규정되어 있는 법을 지킨다."[55]라는 의미로 주로 이해하고 있다. 라틴어나 독일어에

---

55) Stephen L. Carter, *Integrity*(Basic Books: 1996), p.107.

서 의미하는 광범위한 뜻으로 이해되지 않는다는 것이다. 이런 관점에서 미국에서 그러했듯이 윤리 관련법이 제·개정되기 위해서는 새로운 윤리적 사회가치에 대한 국민적인 의견 수렴 절차를 거쳐 이루어져야 한다. 공적 삶에서 윤리적인 삶이 가장 중요한 삶으로 다루어지지만 모든 것을 윤리 규정에 담기는 어려우며 윤리적인 문제(Matters of Ethics)는 개념적으로도 법이나 규정으로는 해결될 수 없다. 비록 윤리적인 문제를 법으로 규정화하더라도 윤리적 청사진은 제공하지 못하며 법의 문제는 결국 법정에서 해결할 수밖에 없게 된다.

자유 민주사회에서 국민을 통치하기 위해 정부의 청렴을 필요로 하며 높은 국민신뢰를 요구한다. 이러한 신뢰는 공무원이 사익을 추구하는 이익충돌의 발생으로 쉽게 금이 간다. 이러한 이유로 의원, 장관, 공무원 등에게 윤리적 요건으로 잠재적이고 명백한 이익충돌을 피할 것을 요구한다. 이익충돌이 야기되는 의원이나 공무원의 동기를 사전에 면밀히 예방하지 않을 경우 쉽게 비윤리적인 행위를 초래하게 되는 것이다.

(3) 공직윤리 입법의 당위성

공직윤리 관련 법률체계(legal framework)는 공무원이 지켜야 할 행동기준에 대한 일련의 법과 규정이며 그에 따라 공무원의 행위들을 제약하고 그 위반 행위를 처벌하는 것이다. 이익충돌법과 규정(conflict of interest statutes and regulations), 공무원법(civil services act) 및 형법(criminal codes)은 공무원의 행위를 규율하는 통제장치이다. 모든 행정부 공무원의 부정행위(misbehavior)를 범죄(crime)로 만드는 것은 어렵다. 청렴 관련 법체계의 주요구성은 공무원의 행위를 제한하는 것이고 공무원을 규제하여 정부활동의 투명성을 증진시킴으로써 국민의 신뢰를 고양하는 것이다. 청렴법은 공무원이 행위기준을 위반할 경우 예상기준과 법적 책임을 설정하는 것이다. 따라서 공무원의 어떠한 행위가 불법이나 부적정한 것이 되는지는 공무원의 부정한 업무수행(misconduct)의 정의에 달려 있게 된다. 예를 들어, 공무원에 대한 선물의 제공이 어떤 나라에서는 정당한 수용범위 내의 것인 반면, 다른 나라에서는 뇌물로 받아들여진다. 또한, 제재(sanctions) 역시 형사적인 벌금과 징역에서부터 단순한 비윤리적 행위로 바람직하지 않은 것에 이르기까지 다양하다.

공직 청렴성 확보 법률은 이익충돌법(conflict of interest law)과 공무원법(civil services act)으로 나누어 볼 수 있다.

영국과 미국 등은 공무원의 부정한 행동을 심각하게 여기며 형법에서 다루고 있다. 사법적 형사체계와 행정적 징계 처리 상호 간의 조화를 전제로 동일한 원리와 가치에 기반을 두며 형법, 민법 그리고 행정징계법을 적용하고 있다. 결국 한 국가의 현존하는 형법이 공직에서 발생하는 불법적 행위들을 효율적으로 다룰 수 있는지에 달린 문제이다. 미국은 이익충돌법(conflict of interest laws)을 통해 공무원의 부정한 행동(misconduct), 부패(corruption) 행위들을 규율하며 최고 5만 $의 벌금(civil penalties)과 징역 5년을 부과한다. 네덜란드는 선물을 받는 행위 등 특정한 개별행위에까지 형법을 적용한다.

핀란드, 노르웨이, 호주 등 다른 국가들은 공무원법(civil service act)에 따라 공무원의 공정한 업무수행에 영향을 미치는 공직자의 윤리위반 행위에 대해 경고, 견책, 감봉, 전직, 해고의 제재를 가한다.

2. 공공의 이익충돌 메커니즘의 필요성

오늘날 전 세계 어느 나라에서나 이익충돌 이론에 따라 공직 분야에 이익충돌 메커니즘을 도입하여 운영하고 있다. 그러나 각 국가의 부패방지 법제나 문화적 배경에 따라 무엇을 도입하여 어떻게 운영하는지는 나라마다 다르다. 분명한 것은 아프리카 국가에서부터 미국에 이르기까지 이익충돌 메커니즘이 공적 윤리와 정부의 청렴성 확보를 위해 필수불가결한 장치라는 데 이견이 없다.

공적 삶(public life)에서 윤리적 삶이 가장 중요한 삶으로 여겨지지만, 정치인이나 공무원의 모든 공적 활동을 법률(legal text) 규정화하고 매뉴얼에 담기는 어렵다. 가장 단순하게 정치인과 공무원 개인의 사적 이익(private interest)이 공익(public interest)과 충돌하거나 심지어 우연히 만날 때조차 이익충돌 메커니즘으로 윤리적 갈등을 해결하고 그 메커니즘을 이용하여 공적활동에 대해 정당성의 논란을 사전에 차단할 수 있다.

이익충돌을 법률에 의해서가 아니라 단순한 지침에 의해 규정했더라도 이익충돌의 확인과 그 해결을 위해서는 "공익(public interest)은 무엇인가?", "사익(private interest)은 무엇인가?", "이익충돌은 무엇으로 구성되는가?", "이익충돌이 언제 윤리적 갈등 상황을 야기하는가?"에 대한 논리적인 논의가 선행되어야 한다.

(1) 공익의 정의

"공익은 무엇이며 왜 우리사회에서 필요로 하는가?"에 대한 의문
은 2천여 년 전 Plato, Aristole, Ciero에서부터 최근 동시대의 윤리
학자인 John Rawls에 이르기까지 논의되어 왔다. 공익에 대한 접근
역시 다양한 시각에서 이루어졌으며 그들의 공통된 주장은 공익은
(common good)은 '만인에게 동등하게 이익이 되는 어떤 일반적 상
황'이며 '공익은 공동체 구성원들에게 이롭고 공유되는 것'으로 정
의되어 왔다. 공리주의적 이상(Utilitarian ideal)의 관점에서 최대 다
수의 최대 이익으로 설명하며 공익은 모든 사람들을 돕는 것이며 최
소한 다수를 위한 것으로 보았다. 어떤 의미에서 국민복지(general
welfare)와 동의어로 사용하였다. 그러나 각 상황에 적합한 공익의 엄
격한 정의는 찾기 어려웠다. 가령 A와 B의 공익과 A와 C의 공익은
같지 않다. 공익은 상황에 따라 변화하는 의미로 받아들인다.[56]

그러한 가운데 공익에 대한 중요한 접근은 공익을 국가의 본질
적인 목적으로 정의하는 것이다. Plato, Cicero, Rousseau 등 정치철
학자들은 정부의 모든 권한은 공익, 즉 국민의 복지를 증진시키기
위해서 행사되어야 한다는 것이다. 이러한 기본적인 전제는 전 세
계의 많은 헌법에 반영되었다.

이러한 맥락에서 일반적으로 공익(public interest)은 국민복지
(general welfare)로 불리며 정치, 정책 속에 투영되어 민주주의와 정
부가 존재하는 이유가 된다. 모든 사람의 복지를 향상시키는 것은

---

56) Markkula Center for Applied Ethics, Issues in Ethics V5N2 *"The Common Good"*
(spring, 1992). http://www.scu.edu/ethics

바람직하지만 정확히 그 공통된 정신(consensus)을 정의하기는 어렵다. 또한 공익의 혜택이 어떻게 국민들에게 주어져야 하는지에 대해서 견해가 갈린다. 진정한 공익적 행동이란 모든 구성원에게 혜택이 돌아가야 한다는 주장이 있는가 하면 어느 누구에게도 해를 끼치지 않고 일부의 국민에게 혜택을 주는 행동을 공익으로 보기도 한다.[57]

전술한 바와 같이 공익이란 어떤 정부정책이 사회복지를 증진시키는 것인지 여부를 묻는 것으로 본다면 그것은 결국 개인들이 느끼는 심리상태에 달린 것이다. 이처럼 공익은 보이는 영역에 따라 달리 적응하는 유연한 개념이다. 문화적 차이(cultural differences) 또한 공익에 대한 다양한 시각을 설명하는 중요한 요인이다. 공익의 가치를 모두 열거할 수는 없지만 공익에 기반을 두지 않은 정책이 분명히 사회복지에 정반대의 결과를 초래한다는 사실은 자명하다.

국가는 개인이 각자 자신의 책임 있는 행동으로 자유롭게 삶을 영위할 수 있는 기회를 갖도록 기본권을 보장하고 도덕법(moral law)을 실천해야 한다. 국가의 존재 의의는 국민들이 자유롭고 공정한 삶을 향유할 수 있는 사회적 기반을 창출해 내는 것이며 이것이 바로 민주주의의 목적이기도 하다.

Amitai Etzioni는 미국 사회에 나타난 공익을 분석하며 좋은 사회는 개인의 권리와 사회적 책임 사이에 개인의 자유와 공익(common good)의 균형이 정교하게 유지되는 것이라고 지적하였다. 공익(common good)은 대다수 사람들이 사회에서 공유된 관심(shared concerns)이며 구체화된 문제들이다. John Locke, Adam Smith, John Stuart

---

57) Wikipedia, the free encyclopedia, *The definition of public interest.*

Mill은 지나친 개인주의는 사회적 교정을 필요로 하며 개인의 자유와 사회적 책임 간의 조화를 강조하였다.[58] Adam Smith는 자유 시장경제원리에서 국민이 공익을 위해 희생하기는 어려우며 개인은 종국적으로 공익이 증진되는 시장 경제에서의 자기이익(self interested)을 추구함으로써 이루어진다고 하였다. 예를 들어 비록 사회 구성원 간에는 그 약속의 범위와 구체성이 다르긴 하지만, 실제로 미국인들은 환경보호가 공익이라는 데 동의한다. 미국사회는 지난 200여 년 동안 개인의 자유의 확대를 위해 노력하였으나 1960년부터 1990년 사이에 개인의 자율(autonomy)과 개인주의(individualism)는 다른 사회적 고려 속에 사회적 책임을 위해 상당한 제약은 불가피한 것으로 받아들인다. 흔히 공익(common good)은 법률 용어로 공익(public interest)이라고 부른다.

(2) 이익은 무엇인가

대부분의 이익충돌은 금전적 이익(pecuniary interests)에 중점을 두었고 공무원이 어떠한 재정적 혜택(financial benefit)과 연관되었는지에 초점을 두었다. 예컨대, 문화·환경·자선·스포츠 단체 및 조직의 구성원이 되는 것과 같은 비금전적 이익(non-pecuniary)은 소홀히 다루어 왔다. 그러나 이러한 이익들도 정부의 정책결정을 왜곡시킬 수 있으며 실제적이고 명백히 이익충돌을 야기할 수 있다. 따라서 이익은 금전적인 것뿐만 아니라 비금전적인 것도 포함

---

58) Amitai Etzioni, *The limit of privacy*(Basic books, 1999), p.5.

하여 이익충돌을 분석하게 되었다. 1960년대까지 사적 이익의 주요 유형으로 객관적 이익인 금전적 이익을 다루었다. 이익은 공무원 개인의 실질적인 심적 판단에 영향을 미치는 경험, 충성심, 편견과 같은 주관적인 것을 배제하였다. 그러나 1960년대 후반부터 70년 대 초 이익의 주관성에 대한 논의가 본격적으로 이루어졌다. 공무원의 판단에 영향을 미치는 사익으로서의 재정적 이익뿐만 아니라 공무원의 관계, 동창, 편견, 영향, 심지어 도덕적 신념까지도 중요시되게 되었다. 이러한 이익을 보는 시각은 이제 객관성을 갖는 가치에서 주관성을 갖는 것으로 전환되었다. 공무원 개인이 갖는 상이한 마음 상태에서 어떤 주관적인 효과를 강조하게 된 것이다. 예컨대, 공무원이 정부로부터 허가를 얻고자 하는 회사로부터 미래의 고용(future employment)을 제공할 것을 수용하는 경우나, 현재 시장에서 다시 판매하여 현금화할 수는 없으나 개인이나 자신의 가족에게는 중요한 가치를 갖는 물건을 선물로 받았을 경우, 주관적인 효과를 무시하고 이익의 객관성만을 가지고 판단한다면 상이한 윤리적·법적 복잡성을 밝혀내기는 사실상 어렵다. 따라서 공무원이 자신의 직무와 기능을 수행할 때 자신의 직접·간접적인 사익, 가족의 구성원의 이익, 더 나아가 부적절한(improperly) 방법으로 또 다른 사람의 사익을 증가시키는 것까지 포함하는 확대된 사익 (furthering private interest)으로 보는 것이 일반적인 경향이다.

○ 귀속 이익(Imputed interest)

최근에는 공무원 본인뿐만 아니라 배우자, 미성년인 자녀, 공무원과 공동으로 하는 동업자, 공직 취임 전에 소속된 기업이나 단체, 그리고 공무원이 퇴직을 예상하여 취업을 협상하는 사람의 이익을 공무원의 이익으로 간주하고 있다.

특히, 배우자는 공무원 그 자신의 일부는 아니다. 그렇다고 완전히 분리할 수 있는 타인으로 볼 수도 없다. 왜냐하면 배우자는 공무원을 둘러싼 친구, 사업의 동업자, 다른 친척들보다 가장 가까우며 공무원의 공공적 판단에 영향을 미칠 수 있기 때문에 배우자의 이익충돌 문제도 공무원의 공적 업무수행에 영향을 미치는 것으로 보고 있다.[59]

배우자의 자산(assets), 부채(debt), 개인적 사업활동(private business activities)이 공무원의 공적 활동과 관련될 경우, 그 사업이나 자산 등은 이익충돌을 야기할 수 있으며 따라서 이익충돌 방지 메커니즘이 적용되어야 한다.

예컨대, 컴퓨터 회사주식을 부인의 명의로 소유하였다면 해당 공무원은 기관의 컴퓨터 시스템도입을 위한 제안서 평가에서 부적격이 되어야 한다.[60]

○ 배우자의 이익(Spousal Interest)

공무원이 자신의 사익을 추구하는 자기거래의 영역이 확대됨에 따라 배우자를 통한 공무원의 공직으로부터의 사익을 추구(private

---

59) Andrew Stark, *Conflict Interest in American Public Life*(Cambridge, Mass: Harvard University Press, 2000), p.179.

60) United States Offices of Government Office, *OGE pamphlet 「an Ethics Handbook for Executive Branch Employees」, 1995.*

gain from public office)할 가능성이 증대하고 있다. 배우자는 자신의 재정적 이익과 경제활동을 독립적으로 영위해야 할지도 모르는데 공무원의 배우자라는 이유만으로 공적 역할을 부과해야만 하는지가 가장 중요한 요소이다. 공무원의 배우자의 사적 이익을 공무원의 이익으로 보는 경우는 일반적으로 두 가지로 받아들여진다. 첫째는 배우자가 공직에 취임할 예정일 때, 예컨대 유명한 의원의 부인이 행정부나 입법부의 공무원으로 취임한다면 배우자의 이익은 공무원의 이익으로 볼 수 있다. 두 번째 이익은 배우자가 공무원의 직무와 관련된 로비스트가 되거나, 로펌 등에 취업하는 경우이다. 공무원의 공적 역할의 경계영역은 배우자가 공무원의 직무와 관련된 사적 이익을 추구할 때 더욱더 정교하게 확대된다. 만일 배우자의 재정적 이익이 공무원의 공적 역할 판단에 영향을 미친다면 그때 분명히 공무원의 공적 영역은 배우자의 사적·경제적 이익을 넘어 확대된다.

일반적으로 배우자의 자산, 부채, 이익에 대해 판단할 때 공무원과 그 배우자의 관계를 중요시한다. 전통적으로 공무원과 배우자는 동일한 이익을 위한 한 개인(one individual)으로 보고 있다. 이러한 이론적 기반은 30여 년 전에는 배우자가 상대적으로 경제활동이 적었고 주로 공무원인 배우자의 활동에 의존해 왔었다. 그러나 오늘날 공무원의 배우자의 경제활동 참여가 활발하고 공무원인 배우자로부터의 경제적 의존도가 줄어듦에 따라 과거와 같은 일률적인 배우자의 재산 및 이익 공개가 논란이 되고 있다. 결국 배우자의 이익이 공무원의 공적 판단과 충돌을 일으키느냐는 질문은 공무원의 공적 직무가 배우자 자신이 경영하거나 소속된 기업의 직무와 관련될 때, 다시 말하면 배우자의 이익과 공무원의 이익이 중첩될 때 공무원의 공적 판단에 영향을 미치는 것으로 본다.

○ 공무원의 사적 관련 기업의 이익

공무원이 기업과 단체의 지분을 소유하거나 동업자로 된 경우 해당 공무원의 공적 직무가 그 기업이나 단체의 규제, 계약 등 이해관계와 밀접한 과제를 다룰 때 무형적인 영향을 받는 것으로 보아야 한다. 왜냐하면 공무원의 공적 행동은 곧바로 기업 활동에 영향을 미치게 되고 기업의 이익과 직접 연결되기 때문이다. 또한, 공무원이 공직에 들어오기 전에 속해 있던 기업이나 단체의 이익은 해당 공무원이 그 기업이나 단체의 규제, 계약, 정책 등을 다룰 때 공적인 업무수행에 영향을 미치는 것으로 보고 있다. 따라서 실질적으로 공무원의 공적 업무수행에 영향을 미치는 이익의 범주에 공무원의 기업 지분, 사실적 동업관계, 전에 근무한 기업인지 여부 등을 포함하고 있다.

예를 들어 공기업의 임원이 자회사의 이사를 겸직하고 그 회사의 지분을 소유한 상태에서 공기업의 자회사가 임원의 형이 대표 이사로 있는 회사와 계약을 반복적으로 체결했다면 형이 대표이사로 있는 회사의 이익은 바로 공기업의 임원의 이익으로 보아야 한다.

공무원이 현직에 근무하면서 퇴직 후에 만들어질 수 있는 미래의 자기 이익에 영향을 미칠 것으로 예상하여 현재의 계약, 정책업무 등 공적 활동에 영향을 미치게 된다면 이것은 바로 공무원의 미래의 자기 이익이다. 따라서 공무원이 미래의 고용주와 고용협의를 하고 고용 계약을 체결하게 되면 해당 기업 고용주의 이익은 바로 공무원의 이익으로 보고 있다.

(3) 공익과 이익충돌

공직이란 공적인 업무와 담당자 개인의 사적 이익 사이의 충돌 (conflict)에 근간을 두고 있다. 공무원이 자신의 개인적 이익을 우선 시하거나 타협하거나 편파적으로 공적 업무를 수행하는 경우 사회 는 어느 정도까지 그러한 행위를 수용할 수 있는지에 대한 사회적 공감대가 형성되어야 한다. 공익은 공무원의 이익충돌을 피하기 위 한 파수꾼으로 어떻게 작동되어야 하는지에 논의의 초점을 맞추어 야 한다.

한편 공익은 종종 사회를 위한 선(善)이 개인에게는 좋은 것은 아 니라는 가정 아래 사익(private interest) 또는 개인적 이익(individual interest)과 대립되는 개념으로 사용되기도 한다. 사회는 개인들로 이 루어지며 공익은 그 구성원의 이익이 모여서 이루어진다. 공익을 강 조하면 어느 정도 개인의 이익을 제약할 것이며 이 점은 바로 민주 주의가 다수의 횡포(tyranny of the majority)로 불리며 소수의 이익 이 무시될 수 있다는 점을 암시하고 있다. 개인의 측면을 강조하면 공익에 반하더라도 자신의 이익을 실현하기 위해 노력할 것이다.

사실 법이 중요한 미국에서 "공익이 어디에 있느냐?"는 질문에 대해 공익이란 단순히 주관적인 견해의 집합이 아니며, 입법적 과 정에 의하여 창출되어야 하며 따라서 정당하게 법이나 규칙을 만

들고 정책을 결정하는 행위로 해결되도록 남겨진 것을 말한다.[61]

이익충돌은 종종 뇌물, 리베이트, 공직매수, 그리고 부정행위로 불리는 다른 총체적인 부패의 형태를 대체해 왔다.[62] 정부윤리의 관심은 뇌물을 넘어서 이익충돌 자체로 이동하였다. 전형적인 이익충돌의 유형으로는 공무원이 자신의 이익에 영향을 미치기 위해 자신의 공식적 역할(official role)을 이용하는 자기거래(self dealing)이다. 또한 자기거래를 넘어서는 부당한 영향력(undue influence), 공직남용(abuse office), 공적 행동을 위한 사적 지급(private payment for public acts), 공직으로부터의 사적 이득(private gain from public office)의 네 가지 유형에서 발생하는 공무원의 충돌적인 판단(conflicted judgement)이 어떻게 공정한 판단을 해치는지를 검토해야 한다.

---

61) Andrew Stark, *Conflict of Interest in American Public Life*(Cambridge, Mass: Harvard University Press, 2000), p.22.

62) Sanford Watzman, *Conflict of Interest: Politics and Money Game*(New York: Cowles, 1971), pp.32 - 33.

3. 윤리적 딜레마의 실제적 측면

지난 30여 년간 이익충돌(conflict of interest)에 대한 중심적 논의 주제는 충돌(conflict)과 이익(interest)의 개념이었다. 본래 공공적 임무를 위한 공익과 공무원 개인의 사익 간의 충돌(conflict)은 공무원 개인의 심리적 판단에 의하여 어떤 결정을 내릴 경우 사익에 의하여 손상된 심리적 상태를 일컫는다. 문제는 우리가 그러한 판단을 끌어낸 공무원의 심적 상태를 직접 볼 수 없다는 점이다. 어떤 법도 공무원이 자신의 이익을 위하여 판단한 경우 효과적으로 그런 행위를 막을 수는 없다. 왜냐하면, 우리는 직접 공무원의 심적 상태를 알 수 없기 때문이다. 예컨대 선물을 받은 공무원이 심리적으로 영향을 받는 것을 금지하는 법을 집행할 수는 없다. 따라서

이익충돌구조의 핵심은 공무원의 마음속에서 실제 벌어지는 심리적 상황을 고려하는 것이 아니라 공공적 판단과 관련되는 외부적 준거를 객관화하는 것이다.

(1) 이익충돌의 분석 및 관리전략

미국의 이익충돌 체제는 충돌(conflict)적 상황 아래에서 심적 상태를 손상시킬 수 있는 외부환경이나 행동을 금지시키는 방향으로 법제화하였다. 어떤 내적 마음의 상태인 주관적인 상황이 아니라 객관적으로 직접 관찰할 수 있는 상황을 다루는 것이다. 이익충돌법(conflict of interest law)은 주관적 접근을 피하고 객관적 접근방법을 택하고 있다. 즉 선물, 향응 등 외부이익이 잘못된 것(wrong doing)이라면 공무원의 심리 상태가 순수하더라도 법이나 윤리강령의 위반이다. 따라서 충돌(conflict) 개념의 지배원리는 객관성이다. 예컨대, 공무원이 도로 노선을 선정할 때 자신의 가족농장의 토지가치가 줄지 않는 노선이 결정되었다고 할 때 공무원의 심리상태가 아무리 순수하더라도 객관적으로 공무원의 도로노선 선정업무와 가족의 토지 가치의 변동이라는 사익을 객관적으로 판단하여야 한다는 것이다.

공무원은 그가 맡고 있는 지위에 따라서 이익충돌 문제를 다루어야 한다. 즉, 의원, 장관, 및 일반 공무원은 자신이 맡고 있는 상이한 책임과 기능에 따라 이익충돌 문제가 다루어진다. 의원은 일반 공무원보다 광범위한 범위의 잠재적인 이익을 갖고 있다. 의원의 이익을 분석해 보면 개인적인 이익, 국민의 대표로서의 이익, 다른 사적인 금전·비금전적인 이익 등이다. 개인적인 이익이란 개인이 본래 가지고 있는 이익으로 성별의 구분, 특정지역의 주민, 가족의 구성원으로서의 지위로서의 이익을 의미한다. 대표로서의 이익은 의회의 구성원, 지역구의 대표, 소속 정당의 구성원으로서의 역할을 의미한다. 다른 사적 이익이란 비정치적 기구의 구성원, 경영인, 전문직, 농부, 또는 사기업의 종업원으로서의 외부활동(outside activities)에서 제기되는 이익을 의미한다. 이러한 잠재적인 갈등에서 의원은 공익(public interest)에 헌신하여야 한다. 정책 결정의 과정에서 각각의 이익이 어느 정도 윤리적으로 부적절한지에 대해서는 의원 개인의 본질적인 이익으로부터 외부활동으로부터 얻은 금전적 이익에 이르기까지 이익충돌의 정도가 분석되어야 한다.

일상적으로 나타나는 이익충돌의 사례로

- 국회의원이 본인 소유의 주식을 위해 주식과 관련된 장관에게 접근한다.
- 장관은 정부로부터 무역허가를 얻고자 하는 회사로부터 미래의 고용(future employment)을 제공할 것을 받아들인다.
- 공무원이 도로 노선을 선정할 때 자신의 가족의 농장 등 토지의 가치를 줄이지 않도록 노선을 결정한다.

Andrew Stark 교수는 이익충돌의 유형을 공무원 자신의 금전적 이익(pecuniary interest)을 위해 공무원의 공적 판단에 손상을 일으키는 자기거래(self dealing)의 경우와 자기거래를 넘어서는 이익충돌 유형으로 부당한 영향력(undue influence), 공직 남용(abuse office), 공적 행동을 위한 사적 지급(private payment for public acts), 공직으로부터의 사적 이득(private gain from public office)을 들고 있다.

호주연방정부는 발생한 이익충돌(actual conflict of interest), 인지된 이익충돌(perceived), 잠재적인 이익충돌(potential)[63]로 단순화하고 있다.

발생한 이익충돌 (Actual)	인지된 이익충돌 (Perceived)	잠재적 이익충돌 (Potential)
공무원이 공무를 수행할 때 사익에 의해 영향을 받는다.	공무원이 공무를 수행할 때 사익에 의해 영향을 받는 것으로 보인다.	공무원이 공무를 수행할 때, 사익에 의해 미래에 영향을 받을지도 모른다.

(2) 자기거래(Self-Dealing)

이론적인 차원에서 이익충돌의 가장 중심적인 개념을 차지하고 있는 것이 자기거래이다. 즉, 이익충돌은 주로 자기거래 위반으로 이해되며, 공무원이 자신의 공적 역할을 수행하며 개인적 이익에 영향을 미치는 것이다. 즉, 공무원이 주어진 역할과 권한의 범위 내에서 그 권한을 공식적으로 행사해 영향을 미치고 자신의 사익(private interest)을 취하는 것이다.

자기거래란 공무원의 공식적 역할(official role)이 공무원 자신의 개인적 이익(personal interests)에 영향을 미치는 것이다. 즉, 전형적

---

63) **호주의 이익의 종류**
　금전적 이익(A pecuniary interest)은 공직으로부터 재정적으로 상실하거나 얻는 잠재적인 상황과 관련된다. 예를 들어 부동산 소유, 다른 사람에게 갚지 않는 부채를 가지는 것, 여행이나 향응을 받는 것 등.
　비금전적 이익(Non-pecuniary interest)은 재정적 혜택은 없지만 공무원의 결정이나 판단에 영향을 미칠 수 있는 스포츠 참여, 사회적, 문화적 활동 및 개인적, 가족관계와 관련된다.

으로 공무원이 자신의 이익이나 향응(favor)을 위해 자신의 공적 역할(official role)을 이용하는 것이다.

이익충돌을 다룸에 있어 먼저 공직의 역할(official role) 구조에 대한 이해가 선행되어야 한다.[64] 정부에 고용되어 공직을 맡음으로써 그 전문성(profession) 또는 내적 역할(in-role)에 근원하여 정부로부터 봉급, 공직 경력, 관료적 명예를 갖게 된다. 그러나 자기거래에서 발생하는 개인적 이익은 공직 내적 역할을 벗어나(out of role) 발생하는 공무원의 사적인 재정적 이익(private financial holdings)이다. 따라서 자기거래의 이익은 공직 내적 역할이 아니고 공직 역할 밖(out of role)에서 발생하는 것이다.

반면 자기거래의 충돌(conflict)상황은 공직 역할 밖이 아니라 역할 안에서 발생하는 책임에 달려 있다. 예를 들어 공무원이 정부기금을 횡령하는 행위는 이익충돌의 상황이 아니다.[65] 공금 횡령을 금지하는 것은 공무원이 자신의 공직을 맡아서 행해야 하는 직무가 아니기 때문이다. 그것은 모든 사람들이 자신의 역할을 독립적으로 행해야 하는 책무이다. 따라서 자기거래의 이익은 공무원의 역할 밖에서 나와야 하며 충돌상황은 공직 역할 내에서 이루어진다. 정부의 공공자산을 횡령하는 것은 규범을 위반한 것이며 자기거래는 아니다. 공무원이 자신의 사적 이익에 영향을 미치는 위치(capacity)에 있을 때 공무원의 심적 상태는 손상(impared)되는 것이다. 많은 자기거래법(self dealing laws)은 공무원이 자신의 이익에 영

---

64) Andrew Stark, *Conflict of Interest in American Public Life*(Cambridge, Mass: Harvard University Press, 2000), p.41.

65) Thomas L. Carson, *"Conflict of Interest"*, Journal of Business Ethics 13(1994), p.393.

향을 미치는 것뿐만 아니라 그러한 지위에 있는 것조차 금지하고 있다.

개념적으로 명확히 하기 위해 뇌물(bribery)과 비교해 보면 뇌물은 공무원이 특정 집단이나 사람으로부터 사적인 대가(private payment)를 받고 공적 업무(public service)를 통하여 그 사적 대가를 지불한 집단이나 사람의 이익에 영향을 미치고 그 이익을 증가시키는 것이다. 뇌물(bribery), *guid pro quo*는 가장 포괄적인 용어로 이해되어 왔다. 공무원이 타인이나 다른 단체로부터 사적 이득을 받고 그들의 가치를 전환시켜 줄 수 있는 이익에 영향을 미칠 수 있을 때 일어난다. 즉, 공무원이 타인에 대한 보상(recompense)의 방법으로 일종의 공식적 행동을 행할 때 일어난다. 따라서 뇌물은 실제적 증거들을 통해 범죄적 요건을 충족시켜야 한다. 공무원이 영향력을 행사할 수 있는 타인 또는 집단(another party)의 이익에 영향을 미치는 것이 뇌물과 *guid pro quo*이다. 앞서 언급하였듯이 뇌물 범죄는 실제적이고 규범적인 이유들로 법률적으로 처벌할 수 있는 뇌물죄를 성립시키기는 어렵다.

또한 이익충돌의 다른 유형인 부당한 영향력과 비교해 볼 때, 부당한 영향력이란 공무원이 자신의 권한으로 행사할 수 없는(out of role) 이익으로 공무원이 맡은 지위로 인해 다른 공무원에 영향을 미치는 것이다. 즉, 자기거래란 공무원이 자신의 공무를 수행하면서(in role) 공무원 자신의 이익에 영향을 미치는 것인 반면 부당한 영향력은 공무원이 자신에게 주어진 지위에서 공무를 수행하는 역할에서 벗어나 발생한다.

1962년 농림부 고위 공무원 Smith의 사례를 보면 좀 더 쉽게 이해할 수 있다. 연방 농림부는 소속 고위 공무원인 Smith가 지분을 갖고 있는 warehouse와 계약을 체결하였다. 비록 Smith는 계약 체결의 당사자는 아니었지만 그가 농림부의 고위 공직을 맡고 있는 것만으로도 계약 결정에 무형의 영향을 미치는 것이었으며 자기거래의 결정적인 요소인 공적인 판단을 훼손하는 것이다.[66]

(3) 부당한 영향력(Undue Influence)

자기거래 개념의 확장으로 이익충돌의 첫 번째 유형은 부당한 영향력이다. 공무원은 자신의 주어진 역할을 벗어나서 다른 공무원에 영향을 미치는 경우이다. 영향을 받은 공무원은 자신의 전문적, 공적 직무 판단능력이 손상을 받아서 보상이나 처벌 등의 행위가 이루어지는 경우이다. 이것을 도식적으로 살펴보면, 두 명의 공무원과 관련된 한 가지 사익의 문제이다. 공무원 A는 외부 이익(External Interest)과 관련은 되어 있지만 자신이 그 이익에 영향을 미칠 권한을 가지고 있지 못하다. 공무원 B는 자신의 정당한 권한으로 외부 이익에 영향을 미칠 수는 있지만 그 이익과는 전혀 관련이 없다. 이 경우 공무원 A가 공무원 B에 영향을 미치는 경우를 말한다.

부당한 영향력은 두 명의 공무원과 한 가지 이익과 관련된다. 공무원 A는 공식적 역할로서 이익에 영향을 미칠 수(capacity) 있지만 그로인한 이익은 소유하지 못한다. 다른 공무원 B는 좀 더 명확하

---

66) 미국 연방 범죄와 형사절차법 18 U.S.C. § 208에는 공무원이 자신의 소속 공공기관과 자신과의 계약을 추구하는 것을 금지하고 있다.

게 외적으로는 이익(external interest)을 소유할 수 있지만 B공무원 자신의 특별한 공식적 역할에 의해 형성되지 않는다. 부당한 영향력(Undue influence)은 바로 공무원 B가 개인적으로 관련되었지만 공식적으로 영향을 미칠 수 없으며 공무원 A에게 호의적으로 업무를 처리하도록 추구하는 것이다. 공무원 A는 해당 업무와는 개인적 이익이 전혀 관련되지 않지만 공식적으로 영향을 미칠 수 있는 것이다. 부당한 영향력은 자기거래형태에 다른 공무원을 추가시켜 정교하게 구성된다.

예컨대 개인기업 X를 운영하는 공공기관의 공무원은 Y 공공기관의 기술담당공무원과 공공입찰계약을 체결한다면 부당한 영향력으로 분류한다.[67]

부당한 영향력에 대한 사례를 좀 더 고찰해 보는 것이 그 이해를 더욱 용이하게 할 것이다. 1954년 Peter A. Strobel은 아이젠하워(Eisenhower) 정부의 GSA(General Services Administration)의 정부건설 국장(public buldings commissioner)으로 임명된다. 그는 뉴욕 엔지니어로서 Strobel & Salzman 회사의 90%의 지분을 가지고 있었으며 동 회사는 정부와의 계약을 성사하게 되나 특혜의혹이 제기된다. Strobel은 결코 자신의 사적 이익(private gain)을 위해 공식적 지위(official position)를 사용한 적이 없다고 주장하였으나 의회의 조사가 시작되자 사임하였으며 그의 공적 업무와 사적인 사업과는 밀접한 영향력이 있다고 밝혀졌다. 이 사례는 Strobel 자신의 주장처럼 자신의 이익을 위해 공식적 지위를 이용한 적이 없다. 즉, 자기거래를 위반한 것은 아니다. 그러나 당시 엔지니어 조달 공무

---

67) United States Offices of Government Office, *OGE Letter 86X19.*

원 Lyn Hench에 영향을 미친 것은 사실이며 이것이 바로 부당한 영향력이다.[68)

(4) 공직 남용(Abuse of Office)

이익충돌의 두 번째 이론적 유형으로 '공직 남용'이 있다. 공무원이 사적 이익(private interest)을 위해 공무원의 직무 밖(out of role)의 사적 서비스를 수행하는 경우이다. 즉, 공직 남용은 전형적으로 한 공무원과 그 공무원과 관련된 두 가지 이익을 다루는 것이다. 한 가지 사적 이익은 공무원이 정당한 권한 내에서 이익에 영향을 미칠 수 있지만 개인적으로 관련된 이익이 아니다. 또 다른 이익은 공무원이 소유한 이익이지만 자신의 권한으로는 영향을 미칠 수는 없다.

이 두 가지 이익이 상호 관련을 갖고 결합될 때 공직 남용이 발생한다. 두 가지 이익의 조정을 위한 가능성이 커질수록 남용의 가능성도 커진다.

공직 남용은 공무원이 비공식적 행동(nonofficial acts)을 통해 보상받는 것이다. 공직 남용의 개념을 부당한 영향력과 비교해 보면 양자 모두 자기거래와 중첩되지만 부당한 영향력은 자기거래의 구

---

68) U.S. House of Representatives, Committee on the Judiciary, Subcommittee on Antitrust, Hearing, Activities of Peter Strobel, 84th congress, lst session, Oct 1955 pp.24 - 26.
18 U.S.C. § 203 Compensation for Matters affecting the government § 203 Claims against and other Matters affecting the government.
미국 연방 범죄와 형사절차법 18 U.S.C. § 203, § 205는 공무원이 다른 공무원에게 영향을 미쳐 자신의 이익을 위해 우호적으로 행동하도록 유도하여 사익을 취하는 공무원의 외부적인 행동을 일체 금지하고 있다.

성요소에 다른 공무원을 추가함으로써 구성되며, 공직 남용은 또 다른 사익을 추가함으로써 구성된다.

공직 남용의 예를 들어 보면, Nixon 대통령은 내무부장관으로 Hickel 투자회사를 소유한 Water Hickel을 임명하였다. 당시 Hickel 회사는 Atlantic RichField(ARCO)로부터 1백만 달러의 계약을 따냈다. Hickel은 계약에 영향을 미칠 직무권한은 없었으나, ARCO는 사실상 Hickel이 내무부장관이라는 사실만으로 이러한 호의적인 결정을 내린 것으로 본다.

또 다른 사례를 보면 1955년 공군 참모총장 Harold Talbott는 공군과 컨설팅 계약을 맺은 회사와 관련해서 사임을 강요받았다. Talbott는 계약과 관련해 직접적으로 아무런 이익을 갖고 있지 않았으나 공군 계약에 영향을 미칠 수 있었다. 공군과 계약을 체결한 컨설팅회사의 지분을 공군참모총장인 Talbot가 갖고 있었다.

공직 남용의 사례를 더 고찰해 보는 것이 남용(Abuse)의 의미를 이해하는 데 유익할 것이다.

2008년 Sarah Palin[69] 공화당 부통령 후보 겸 알래스카 주지사는 자신의 인사권한 남용혐의로 주 의회 조사위로부터 조사를 받는다. '08년 7월부터 조사된 트루퍼 게이트란 알래스카 경찰의 별칭인 트루퍼(Trooper)에서 따온 것으로 알래스카 주지사가 여동생의 전 남편 마이크 우든클을 주 경찰에서 해임시키기 위해 당시 주 경찰청장 월트모네건에게 부당한 압력을 행사하다 이를 거부한 모네건 청장을 해임했다는 의혹이었다. 대선을 눈앞에 둔 10월 11일 주 의

---

69) *최초 알래스카 여성주지사의 공직을 이용한 권한 남용사례*: Trooper−gate: 2008년 부통령 후보이자 Alaska 주지사.

회 조사위원회는 주지사가 공적 지위를 남용하여 여동생의 전남편을 경찰에서 해고하려고 하였으며 이것은 주 윤리법을 위반한 것이라고 밝혔다.

"공직자는 국민신뢰를 위해 행동할 것을 다짐하고 공직으로 어떠한 형태의 개인적 또는 재정적 이익을 취하기 위한 노력도 신뢰 위반이다."[70]

물론 대선을 목전에 둔 상황 아래 윤리개혁가로서 John MaCain's 공화당 대선후보에게까지 적지 않은 영향을 미쳤다. 또한, 주 경찰청장의 해임은 주지사의 요청을 받아들이지 않은 것이 유일한 요인은 아니며 주 헌법과 법률에 주어진 정당하고 합법적인 권한이라고 밝혔다. 이 사례는 미국공직사회에서 인사권 행사에 대한 모습을 들여다볼 수 있는 좋은 사례이다. 상관이 부하 직원에게 상관이 원하는 방향으로 인사가 이루어지도록 반복적으로 접촉하는 것은 부하직원이 상관의 만족, 불만족을 선택하게 하는 이익충돌(conflicts of interest)의 상황을 야기하기 때문에 윤리법이 존재하게 되는 것이다.

주 의회는 주지사가 주 경찰인 그녀의 여동생의 전남편을 해고하려고 압력을 행사한 것은 주 윤리법(The state of Alaska Executive Branch Ethics Acts)을 위반한 것이라고 발표했다. 주 윤리법 위반의 핵심은 공무원의 개인적 이득(personal gain), 특히 재정적 이득을 확인해야 하는 것인데 사실 이 사례는 재정적인 것과 관련이 없

---

70) Alaska Executive Branch Ethics Act, Alaska Statute 39.52.110(a)
"The legislature reaffirms that each public officer holds office as a public trust, and any effort to benefit a personal or financial interest through official action is a violation of that trust"

었다.[71]

(5) 공적 행동을 위한 사적 지급(Private Payment
   for Public Acts)

이익충돌의 세 번째 유형은 공적 행동을 위한 사적 지급(Private payment)이다. 이것은 공무원이 타인으로부터 사적으로 비용을 부담하는 것을 받고 공식적 행동(official acts)을 수행하는 것이다.

선물, 공짜 여행, 값비싼 식사, 공연티켓 등 시장(market)에서 다시 보상을 받을 수 있는 동등한 가치(transfer valve)를 제공하는 것이며 제공자와 정부기관 사이에 계약 등 어떠한 커넥션이 있을 필요는 없다. 즉 공무원이 사적 지급자의 이익에 영향을 미칠 권한을 갖고 있을 필요가 없다는 의미이다.

공무원의 판단 훼손(impairment)은 공무원의 공적 업무를 행하는 동기를 가져오는 심리적 소득(psychic income)에 비례한다. 엄밀한 의미에서 전문적인 관료적 이익, 대가를 지불한 사람의 이득, 공무원의 공적 서비스의 심리적 소득의 세 가지를 고려한다.

사적인 지급은 공무원의 직무와 관계없이 공무원의 낮은 보수를 보전하는 경우와 민간에서 공직으로 취임 예정인 사람에게 민간 기업의 고용주로부터 관대한 퇴직금, 연금의 현금 수령, 일괄적인 총

---

71) CBS, "Palin Abused Power, Ethics Report Finds", Oct. 11, 2008.
　　알래스카법상 주지사의 윤리법위반 행위심사는 주 의회가 아니라 주 인사위원회에서 실시한다. 주 인사위는 3명의 위원으로 구성되었으나 1명은 주지사가 재임명하였고 다른 한 명은 선거캠프에서 도움을 주었던 인사이다. 위원회는 주 상원 의장에게 처리결과를 보고하고 윤리법위반 결정은 5,000달러의 벌금을 부과한다.

액 보수 등 관대한 대우를 받는 경우로 구분할 수 있다.

공무원이 외부로부터 지원을 받는 것은 무엇이 나쁜 것인가? 기업에서 공직으로 취임할 예정인 사람에게 관대한 보수와 보너스를 받았다면 어떠할까? 공직에 이미 취임한 사기업 출신 인사에게 빈약한 보수를 보전하기 위해 경제적 보전을 해 준다면 어떠할까? 전자는 통상적인 보수나 보너스를 넘는 보수는 미래의 정부 서비스를 염두에 둔 혜택(premium)으로 보아야 한다. 이러한 혜택은 사적 고용주가 공무원이 된 소속기업출신 인사를 기업직원으로 붙드는 무형적인 조치로 받아들여진다. 후자는 공무원의 보수를 보전하기 위해 후원하는 경우로서 후원자의 사업과 관련될 필요는 없다. 만일 공무원이 은밀하게 경제적으로 연대되었다면 정부의 정책결정 과정은 일반 주민을 위해서가 아니라 특정 후원자를 위해 왜곡될 수 있다.

미국 연방 범죄와 형사절차법 18 U.S.C. §209는 공무원이 사적 지급자의 이익에 영향을 미칠지 여부와 관계없이 공무원의 행위를 이끌어 내기 위한 사적 지급(private payment)을 금지하고 있다.[72] 다시 말해 많은 사람들이 잘못 알고 있는 것은 사적 지급자인 외부인(private payor)으로부터 사적 지급을 받을 때 공무원의 공적 역할이 지급자의 이익에 영향을 미칠 수 있는 것으로 생각될 수 있다. 사적 지급자의 이익과 공무원의 직무와는 전혀 관련이 없이 이루어진다.

또한, 공무원이 보수를 보전하기 위해 스폰서 받는 행위[73]는 불법

---

72) 18 U.S.C. § 209 Dual Compensation for Official.

73) 18 U.S.C. § 209조: 연방 공무원은 정부로부터 받은 월급 이외에 타인으로부터 이를 보전 받는 것을 금지한다(Salary supplementation prohibition).

이다. 1917년 연방 교육부공무원(The Department of Interior's Bureau of Education)들이 정부로부터 받는 보수(salary) 이외에 사립 재단(private foundation)으로부터 보수를 보전받는 것에 대한 논란이 제기되었다. 공무원이 정부가 아닌 다른 곳에서 보수를 보전받는 경우 연방정부보다 스폰서를 받은 사립 재단을 위해 더 충성을 바치게 된다는 결론에 도달하여 금지키로 하였으며 1962년 이익충돌법에 명문화(U.S.C. 18 section 209)하였다.

1962년부터 1980년까지 법무부는 보수보전금지(salary suppleme-ntation ban) 범위를 광범위하게 해석하였다. 금지내용에는 공무원이 된 후에는 이전의 고용주로부터 받는 퇴직금(severance payment)도 포함되는지 여부가 논란이 되었다. 사기업에서 공직으로 취임한 공무원은 기업 측으로부터 인센티브와 같은 실제적 패키지를 제공받아서는 안 된다. 그러나 이러한 해석은 보잉사의 사례를 계기로 전환되었다. 1982년 보잉사는 소속직원들이 쉽게 국방부직원으로 전직할 수 있도록 퇴직금을 제공하고 있었으나 이것이 공무원의 보수보전금지행위에 해당한다며 집단소송(civil suit)이 제기되었다. 법원은 퇴직금을 받을 수 있다고 판결하였다.[74] 이 사건 이후 의회에서는 전문적이고 기술적인 우수 인재를 공직에 유치하기 위해 공직 취임 전에 퇴직금은 받을 수 있는 것으로 보았다.

---

74) Linda Greenhouse, *"Boeing wins plea on severance pay"*, New York Times, February 28, 1990, A21.

(6) 공직으로부터 얻는 사적 이득(Private gain from Public Office)

자기거래를 넘어서는 네 번째 이익충돌 유형은 공직으로부터 얻는 사적 이득이다. 공무원이 공적 역할을 벗어나서 여러 혜택을 받는 것이다. 가장 일반적인 형태로 사적 이득(private gain)이란 공무원이 공직으로부터 지식, 기술, 법률, 또는 권위를 가지게 되며 그로 인하여 기업 비상임 이사, 전문직의 보수를 받고, 자선골프대회의 무료참가 등의 혜택을 받는 것이다. 개념적으로 보면 사익(private interest)에 영향을 미치는 것은 아니지만 사적 이득은 완전한 시장가치로 재보상(recompense)할 수 있는 것이다.

공무원의 공적 판단의 손상은 공무원이 향유하는 심리적 소득에 비례한다. 공직을 수행하는 공무원이 앞에서 언급한 사적 이득을 받고 공무원의 공적 판단(in role judgement)이나 공적 업무 수행(performance)에 영향을 미칠 때를 말한다.

즉, 공무원의 판단이나 업무수행이 사적 대가와 관련이 있을 필요는 없으며 그 대가로서의 사례(gratuity)는 사적 시장(private market)에서 전혀 교환되지 않는다.

따라서 이익충돌의 제 영역 중 가장 규범적이고 논란이 제기되는 분야이다. 정부윤리규범(code of conduct)의 대부분이 사적 이익에 대한 강력한 규제임에도 불구하고 공직으로부터의 사적 이득은 별다른 문제가 없으며 공직으로부터의 개인적인 혜택은 전혀 잘못된 것이 아니라는 견해가 제기된다. 그러나 정부윤리기관이나 정치

비평가들은 중대한 윤리적 위반 행위로 보고 있다.

뇌물이나 대가성 있는 사례는 공무원의 공적 판단이나 성과에 영향을 미치는 반면, 공무원의 사적 이득은 전혀 공식적 성과에 영향을 미치지 않는다. 또한 전자는 받은 정도를 고려하여 사적 시장에서 대가를 만드는 반면 후자는 전혀 사적 서비스를 만들지 못한다. 따라서 사적 이득이란 공무원이 공직의 역할 밖에서 무엇인가를 얻거나 추구하는 행위이다.

4. 공직에 대한 특혜

공무원이건 기업의 사원이건 조직의 구성원은 고용주로부터 임금 이외에 다른 특별한 보상(compensation)을 받게 된다. 퇴직금, 연금, 보험, 배당, 휴가, 병가 등 기본적인 것에서부터 각종 복지혜택에까지 이른다. 그런데 이런 보상이 특히 문제 되는 것은 공무원들이 받는 혜택인 것이다. 공무원은 국민의 세금으로 보수를 받으면서 추가적으로 혜택을 받는 데 대한 형평성의 논란이 인다.

이러한 공무원 특혜(government perks)는 정부의 공무원으로 근무하면서 정상급여를 받는 이외에 추가로 지불받는 비금전적 보상(non-wage compensations)을 일컫는다. 대다수 선진국들은 공무원들에게 의료보험, 연금, 휴가, 사회보장 등 일종의 혜택(benefits)들을 부여하고 있다. 'perks'라는 단어는 종종 좀 더 재량적으로 혜택(benefits)으로 언급된다. 물론 이러한 혜택이 점점 줄어들고 있기는 하지만 국민으로부터 위임된 권한을 행사하는 공직의 특성상 인정되고 있다.

최근 들어 선출직 공무원이 받는 특혜(perks)에 대한 논란이 전개되기도 하였다. 특혜란 의원들이 이용하는 무료우편, 무료 국내외 여행, 특별 엘리베이터 및 식당, 저렴한 체육관 이용, 할인된 물품 구입, 의원사무실에 놓는 무료화분 등의 것을 말한다. 국민 세금의 낭비라는 비판론자들의 주장에도 불구하고 의원의 공무수행을 위해 불가피한 것으로 받아들여지고 있다. 그러나 이러한 특별한 이용의 범위도 국민의식에 따라 바뀌고 있다. 얼마 전까지 이용되었던 의원들의 무료이발과 의회은행(House Bank)의 이용은 사라졌다.

캠프데이비드 별장은 연방공무원을 위한 휴양시설이었다. 1935－1938년간 메릴랜드 주의 프레드릭 카운티에 완성, 1942년 Dwight Eisenhower 대통령이 현재의 캠프데이비드 별장으로 명명함.

대통령 별장으로 유명한 Camp David는 1935년 연방공무원과 그 가족들의 캠프로 만들어졌으며 루주벨트 대통령(Franklin Roosevelt)에 의해 대통령 별장으로 사용되었다는 사실은 미국공무원들이 받은 혜택에 대한 입장을 엿볼 수 있다. 캠프데이비드는 제2차 세계대전 중에 루주벨트 대통령과 영국 윈스턴 처칠의 회담, 아이젠하워와 소련 흐루쇼프의 회담, 카터 대통령의 이스라엘과 이집트 협상 및 중동 평화협상에 이어 최근 우리 정부의 협상에 이르기까지 미국의 국익과 관련된 중요협상이 이루어진 공간이다.

캠프데이비드 별장에서 한국의 이명박 대통령과 미국의 부시(George W. Bush) 대통령이 연내 FTA 처리원칙에 합의한다(2008년 4월).

대통령 별장이 사적인 가족 모임의 장소가 아닌 대통령의 공적인 생활공간임을 국민들에게 인식시켰다.

자동차가 가장 중요한 생활 수단인 미국에서 공무원들에게 주정차의 혜택을 줌으로써 생활의 편의성을 제공하고 있다. 미국 뉴욕시 공무원에 대한 주차특혜는 연 $4,600만에 달하고[75] 있으며 워싱턴에서 의회 회기 중에 의원들의 주정차 편의가 제공되고 있다.

뉴욕경찰이 맨해튼의 정부공무원들에게 허용된 무료주차구역인 차이나타운에서 견인하고 있다(2006년 5월).

---

75) http://www.streetsblog.org "the $46million parking perks"
　　불름버그는 시의 수입을 늘리고 교통정체를 줄이기 위해 공무원들에 대한 주차허가를 줄여야 한다고 주장.

미국 지방자치단체는 지역별로 다양한 공무원 우대프로그램을 운영한다. 캘리포니아 주 잉글우드(Inglewood) 시는 시의 부동산 가격 상승으로 공무원들이 시 외곽에 거주하며 출퇴근에 어려움을 겪자 시정부는 1992년부터 주택구입 시 저리(2.39%)로 융자하는 프로그램을 인센티브로 지원하고 있다.

잉글우드의 돈(Roosevelt Dorn) 시장은 30년 동안 저리로 50만 달러의 융자를 받은 사실이 드러났다. 시장은 자신의 시장 직위를 이용해 일반 공무원의 대출프로그램을 자신도 이용할 수 있는 선출직 공무원까지 이용할 수 있도록 하였다. 이 과정에서 "공무원이 자신의 재정적 이익을 위해 공적 지위를 이용한 행위로 기소되었다."[76]

공무원 개인의 역할의 관점에서 좀 더 윤리적인 문제가 제기된다. 다음의 사례를 보면, 1992년 워싱턴 D.C.의 시장 Sharam은 시의 채권 투자회사가 지원하는 호텔경비와 사례비를 받고 시카고에서 수백 명의 투자자, 분석가, 은행원들에게 연설을 할 예정이었다. 당시 언론은 시장의 이익충돌 문제에 관심을 보였다. 시장은 D.C를 대표해서 시의 채권을 설명하기 위한 것인지, 아니면 시장이 국가적으로 유명한 인사이기 때문에 초청된 것인지 논란이 벌어졌다. 전자라면 시장은 공식적 지위에서 파생된 사적 이익이라고 볼 수 있지만, 후자라면 순수한 개인의 능력에서 야기된 것으로 사적 이익으로 볼 수 없어 전혀 문제 될 것이 없게 된다.

---

76) http://www.sfgate.com

5. 윤리적 딜레마에 대한 해결 메커니즘

공익과 사익이 충돌할 때 해법
— Mechanism dealing with Conflicts of interest —

이익충돌의 메커니즘은 정부활동과 프로그램의 청렴성(integrity)을 보증하는 본질적인 요소이다. 이익충돌을 다루는 메커니즘은 이익충돌을 회피하거나 완화하는 방향으로 이루어져 왔다. 그동안 이익충돌 상황을 완전히 피하는 회피 메커니즘(avoidance mechanism) 방식이 이익충돌을 방지하는 최상의 방안으로 여겨졌다. 회피 메커니즘은 기피(Recusal), 제거(Divestiture)의 방식을 사용하였다. 예컨대, 판사는 친구나 친인척과 관련된 소송의 경우 판결에 영향을 미칠 수 있기 때문에 해당 소송 건은 기피해야만 한다. 제거 방식의 예로 국회의원으로 선출된 기업인은 자신이 갖고 있는 주식의 기업과 연관된 업무를 다룰 때에는 주식을 매각해야 될지도 모른다. 이러한 방식은 이익충돌을 다루는 데 있어서 소극적이라는 한계를 안고 있다. 이익충돌 상황이 이미 드러난 후에 제거하는 방식으로는 이익충돌 상황을 예방하여 진정한 국민신뢰를 확보하기 어렵다.

이익충돌을 해결하기 위해서는 공직에 들어가기 전부터 개인의 사익에 대한 검토에서부터 출발해야 한다. 또한 공적 업무를 수행하는 과정과 퇴직 후에 이르기까지 다양한 이익충돌 예방장치들이 상호 보완적으로 작동되어야 예방적 효과가 극대화될 수 있다.

공직에 취임하거나 임명되기 전에 공무원의 자격을 갖추고 있는지에 대한 적격(Qualification)의 문제는 공직에 들어가기 전에 갖고 있는 이익이 공직 수행 중에 충돌되거나 잠재적으로 충돌될 소지가 있을 때 사전에 제거하거나 신고 등의 방법으로 완화하는 방안이다. 적격의 문제는 주로 선출직 공무원과 외부에서 충원되는 공무원이 대상이 된다. 일반 임명직 공무원은 평생 동안 공직에 봉사해야 되는 특성상 이익충돌의 위험이 훨씬 낮다. 공직의 적격성 요건 중 잠재적 이익충돌(potential conflict interest)과 가장 관련 있는 것은 외국의 국적, 겸직, 정부와의 계약 문제이다.

○ 외국의 시민권자가 공직에 취임할 수 있는가?

대부분의 국가는 공직자의 이중국적을 수용하지 않고 있다. 세계화가 시대적 흐름이지만 공직자의 이중국적 문제는 이익충돌의 문제로 다루어진다. 해당 공무원이 공적 업무를 수행할 때 이중국적의 국가와의 연관된 문제를 다룰 때 이익충돌이 발생된다고 보기 때문이다. 그러나 부모의 국적에 따라 자동적으로 외국시민권을 취득한 경우, 시민권을 제외한 다른 형태의 외국시민이 되었을 경우 이익충돌로 볼 것이냐는 문제를 어떻게 다룰 것인지에 대해서는 아직 논란의 소지가 있다.

○ 겸 직

겸직은 선출직 공무원과 장관 등 고위 공직자들에게 주로 해당된다. 즉, 공직을 수행하면서 풀타임이든 파타임이든 외부의 활동을 할 수 있느냐는 문제이다. 이익충돌의 범위는 의원과 장관이 갖는 공적 업무의 특성과 외부활동의 관련성에 따라 구체적으로 판단해야 할 문제이다.

선출직 공무원을 제외한 장관과 일반 공무원은 공적 활동에 전념(full time)하며 외부활동(outside business activities)하는 것은 수많은 문제를 야기할 수 있다. 외부활동은 공적 활동의 성과에 헌신해야 할 시간을 빼앗으며 그 활동이 자신의 공적 활동과 관련될 경우 직접 이익충돌의 발생으로 심각할 수 있다. 따라서 이러한 어려움을 피하기 위해 공무원으로 임명되고자 하는 사람은 민간의 활동을 포기해야 한다.

따라서 다른 공직을 겸직하는 것은 그 직위를 양립할 수 있지 않는 한 금지한다. 양립이란 금전적 차원에서 발생할 수 있는 잠재적 이익충돌이 없는 상태이다.

○ 정부와의 계약

공무원은 자신의 책임 아래 이루어지는 정부계약의 상대방이 될 수 없다. 왜냐하면 이러한 계약의 이익은 공무원이 자신의 지위에서 나오는 사익을 얻기 위해 특정한 공익을 위한 활동을 왜곡할 수 있기 때문이다.

클린턴 국무부장관, '클린턴 전 대통령의 이익충돌'로 인사청문회 곤욕

2009. 1. 13. 미국 국무부장관 지명자인 Hillary Rodham Clinton 상원의원이 상원외교 위원회(Senate Foreign Relations Committee)에서 인준 청문회(confirmation - hearing)를 진행하고 있다. 이날 상원은 국무부장관으로 Hillary Clinton을 인준하였다(뒷줄은 국무부장관 지명자의 딸 Chelsea Clinton).

2008년 미국국무부장관으로 내정(nominated)된 클린턴(Hillary Rodham Clinton) 상원의원은 인사청문에 앞서 남편 빌 클린턴 전 대통령의 자선단체 문제로 곤욕을 치렀다. 이 클린턴 재단은 사우디아라비아, 노르웨이, 쿠웨이트, 카타르, 부르나이, 오만, 이탈리아, 자메이카, 인도, 이스라엘,[77] 중국, 대만에 이르기까지 외국 정부나 단체로부터 기부금을 받아 운영하고 있었다. 미국의 대외국정책을

---

77) 자선단체기부자 가운데 오랫동안 민주당 후원자인 유태인들이 많이 포함되었다. TV프로듀서 샤베인 약 1천만 달러, 미 - 이스라엘공공위원회 임원 아브라함 약 5백만 달러, 미국 내 거주 유태인위원회 25만 달러 등.

총괄하고 지휘해야 할 힐러리 클린턴이 남편의 자선단체에 거액을 기부한 국가와 단체들로 인해 미국의 국익이 충돌할 수 있는 잠재적 이익충돌(potential conflict of interest)의 위험 요인을 갖고 있는 것이다. 특히, 인도-파키스탄 관계를 우선 과제로 고민하고 있는 미국정부로서는 인도인 아마르(Amar Singh)로부터 약 5백만 달러라는 거액의 기부금을 받고 아마르의 초청으로 전 클린턴 대통령이 인도를 방문한 사실은 앞으로 핵보유국인 양국의 관계를 다룸에 있어 커다란 짐이 될 것이라고 우려하고 있다. 따라서 오마바 인수위팀은 자선단체의 기부자 명단과 금액을 모두 공개한다는 조건으로 힐터리 클린턴을 국무부장관으로 내정한 것이었다. 전 세계 CEO 등 20만 5천 명의 기부자명단과 금액이 공개되었으며 클린턴 전 대통령은 부인의 공정한 업무수행에 오해를 사지 않도록 외국의 초청행사에 참석하지 않고 불가피한 경우는 국무부와 상의하겠다고 밝혔다.

이익충돌을 다루는 메커니즘으로 대부분의 윤리규정들은 공무원이 공적 업무를 수행할 때 이익충돌을 피하는 기술적 방법을 이용하도록 하고 있다.

미국 연방윤리청(O.G.E)은 이익충돌을 다루는 메커니즘으로 기피(recusal), 허가(waivers), 매각(divesti- ture), 신탁(trust)의 방안을 제시하고 있으며 호주의 공직위원회(The Australian Public Services)는 등록(Register), 제약(Restrict), 제3자의 평가(Recruit), 제거(Remove), 사익의 포기(Relinquish), 사직(Resign)의 방안을 제시한다.

호주정부는 이익충돌 그 자체는 잘못된 것으로 보지 않는다. 따라서 이익충돌은 어떻게 관리하는지가 중요하며 공무원도 자연인이고 자신의 사익이 있을 수 있으므로 이 경우 사익이 공익을 위한 공적 활동과 충돌할 때 사전에 예방해야 한다. 국민들은 공무원이 자신의 업무를 공정하게 수행할 것으로 기대할 권리를 갖는다. 공무원은 정책결정을 함에 있어 자기이익, 사적 관련성 또는 개인적 이익과 손실의 가능성에 영향을 받아서는 안 된다.

이익충돌은 조직과 개인의 청렴성에 영향을 미치며 국민신뢰를 해칠 수 있으므로 해결 안 되고 잘못 관리된 이익충돌은 실제로 부패를 낳거나 공직 남용을 가져온다. 모든 이익충돌은 사전에 공개되어야 하고 효율적으로 관리되어야 할 필요성이 여기에 있다. 호주정부는 개인의 사익과 공익 사이의 갈등을 사전에 피해야 한다고 보고 있다. 이익충돌을 합리적으로 피할 수 없는 곳에서는 공무원이 가질지도 모르는 사익과의 갈등이 발생하므로 이를 효율적으로 관리하고 확인할 책임이 있다.

【표 3-1】 이익충돌 관리전략

전 략	의 미	적정시기
등 록 (Register)	가능하고 잠재적 이익충돌의 세부사항을 공식 기록	• 낮은 위험과 잠재적 이익충돌 • 이익충돌의 기록은 투명성 확보에 효율적임
제 약 (Restrict)	참여를 스스로 제약	• 활동 및 과정에서 효율적으로 분리 • 이익충돌이 자주 발생 안 함
충 원 (Recruit)	제3의 중립적인 인사 참여	• 정책결정과정에서 참여하지 않는 것이 실현 가능성이 없음 • 전문성이 필요
제 거 (Remove)	스스로 해당 과제에서 빠지는 것	• 계속된 이익충돌로 제약 • 충원전략으로 부족할 때
포 기 (Relinquish)	이익충돌을 야기하는 사익을 포기할 때	• 공직에 대한 약속이 사익보다 더 중요
사 직 (Resign)	사 직	• 개인적 이익추구 방안이 유일할 때 • 책임성을 갖기 어려울 때

공공부분에서 이익충돌을 관리하기 위한 체계를 확립할 때 인식해야만 하는 상황이 있다.

사익과 공익이 충돌할 때를 결정하는 것은 쉬운 것이 아니다. 이익충돌 관리의 핵심적인 전략은 공무원이 공적 업무를 수행할 때 사익에 의해 영향을 받거나 영향을 받는 것으로 비쳐지는 것이다. 공적 직무와 사적 관련성 및 관련된 개인의 이익을 주시하며 합리적이며 중립적인 사람이 이런 관련성과 이익을 개인의 공적 역할과 충돌하거나 충돌하는 것으로 비쳐지는 것으로 인식할 때 나타난다.

공적 업무와 사익 사이의 충돌은 반드시 피할 수 있는 것은 아니다. 공무원은 공익을 위해 행동해야 하지만 사익을 가진 시민이기도 하다. 더욱이 이익충돌을 합리적으로 피할 수 없는 환경들이 있을 수 있다.

공공조직에서 직면하는 도전은 이익충돌 윤리정책이 왜 발전되어야 하며, 공익과 사익 사이의 균형(Balancing Public duty and private interest)이 왜 필요한지를 관리 전략으로 전진시켜야 한다. 균형을 유지하는 적절한 수단은 위험을 확인하고 공공부문의 요건을 충족할 수 있는 적절한 관리전략을 선택하는 것이다.

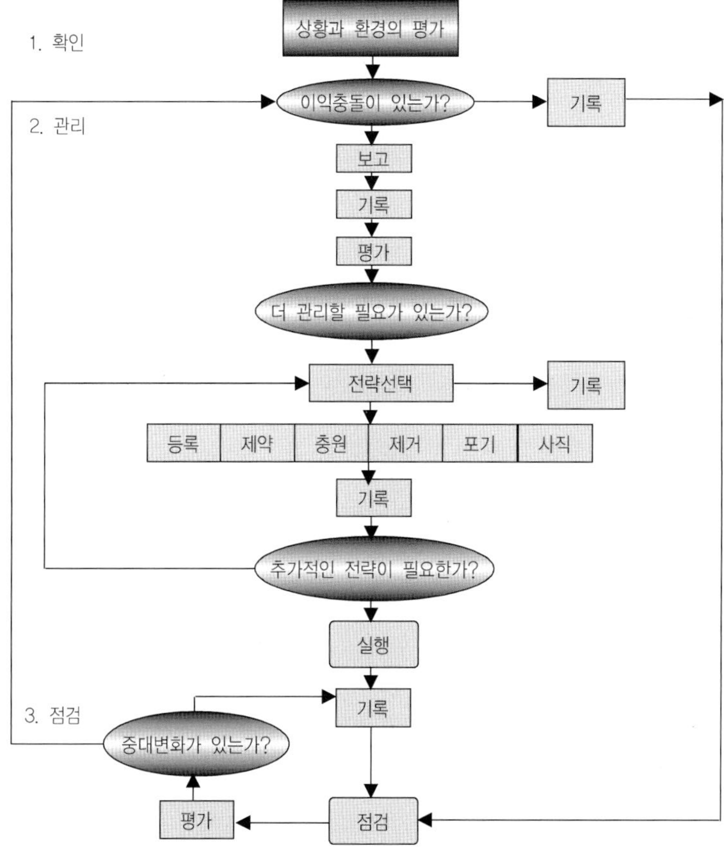

【그림 3-1】 이익충돌 점검 모니터링 장치

(1) 개인적 이익의 공개(Disclosure of Personal interests)

공무원의 사적 이익을 공개하거나 신고하는 메커니즘은 사익
(private interest)과 공익(public interest)의 충돌 상황을 회피하거나
해결하는 방법이 아니며 최소한의 상충 상황을 드러내어 이익충돌

을 예방하는 가장 보편적인 메커니즘이다.

이 메커니즘에는 공개(disclosure)와 신고(declaration)의 두 가지 방식이 있다. 공개에는 반드시 사생활 침해 논란이 제기되지만 공적 신뢰의 향상이라는 데 무게를 둠으로써 공개는 의무적인 것으로 받아들여지고 있다. 또한 이익충돌 상황이 제기되기 전에 사익을 신고한다. 이 경우 대부분 이익의 신고는 보통 이익의 등록제이다. 이익등록이 공직자에 대한 모니터링 도구로의 역할을 하기 위해서는 완벽하고 정확한 등록이 이루어져야 한다.

공직자 재산등록 및 공개제도는 대국민신뢰(public confidence in government)를 보장하고 공무원이 갖고 있는 재산적 이익이 이익충돌(conflict of interest)을 발생하지 않도록 예방하기 위해 운용되고 있는 제도이다.

(2) 허가(Waivers)

공무원 개인의 소유재산이 작아서 어떠한 치유적 조치를 취할 필요가 없을 정도로 이익충돌의 가능성이 너무 미미한 경우, 윤리담당 공무원의 허가를 받음으로써 이루어진다. 허가란 공무원이 잠재적 이익충돌과 관련된 문제를 야기할 수 있는 공공서비스로부터 공적 책임을 계속 수행할 수 있도록 허가하는 것이다.

공공 기관은 공무원의 사익이 수용되는 경우, 그 재정적 이익의 특정한 유형을 허가하면서 정부에 등록(federal register)하여야 한다.

예를 들어 소비자생산안전위원회(Costumer Products Safety Commission: CPSC)의 직원으로 임명될 예정자가 그의 할아버지로부터 대학 졸업 선물로(General Electric, GE) 10개 주식을 받았다. CPSC는 GE가 만든 제품에 대한 규제적 권한을 가지며, 공직에 임명예정자가 갖고 있는 주식은 너무도 적어 가능한 어떤 방법으로도 정책 결정에 영향을 미치지 못한다. 이런 경우 허가(waiver)의 방법을 사용한다.

(3) 기피(Disqualification)

기피는 자산의 매각을 요구하지 않는 대신 공무원의 재산과 관련 있는 회사나 조직과 관련된 문제로부터 스스로 기피하는 데 동의함으로써 이루어진다. 통상 기피문서(recusal statement)에 서명함으로써 완성되며 법에 의하여 요구되는 것은 아니다. 기피문서는 특정 공공서비스 관련 잠재적 이익충돌을 예방하기 위한 통상적 치유책이 될 수 있다. 공무원 개인이 정부업무와 잠재적 이익충돌을 야기할 수 있는 재정적 자산을 가질 때 유용하다.

기피방식은 가장 고전적인 이익충돌 회피 방식으로 사법부에서 유래한 것으로 공무원이 맡은 역할이 충돌될 때 그 이익과 관련된 공무원을 그 지위에서 배제하는 것이다. 그러나 기피 방식은 때때로 문제가 있을 수 있다. 개인의 재정적 소유는 시간이 지남에 따라 변하는 경향이 있어 기피는 영구적으로 유용하지 않다. 특히, 공무원의 자산이 복잡한 포트폴리오를 구성할 경우 더욱 그렇다. 또한, 공무원의 재산과 공무원이 다루는 업무 사이의 관련성이 밀접하고 직접적일 경우 적절한 치유책이 되지 못한다. 왜냐하면 잠재적 이익충돌이 자주 일어난다면 공적 업무에서 해당 공무원을 자주 기피하게 되고 그럴 경우 업무의 효율성은 떨어진다.

이익충돌 상황 아래 놓인 사람은 윤리적으로 그러한 상황이 존재하는 결정에서 벗어나야 한다. 예컨대, 판사는 재판의 결과에 영향을 미칠 수 있는 친구나 가족 관련 소송이거나, 판사가 소유한 자동차가 리콜에 해당하는지 여부가 소송의 대상일 때 해당 판사는 이익충돌이 야기되는 것으로 보아 해당 소송을 회피해야 한다. 또한 정부위원회에서 어떤 과제에 대해 컨설팅 업무를 추진할 경우, 컨설팅 업무에 참여하려는 회사에 정부위원의 친척이 경영진으로 있거나 동업자로 있다면 해당 위원은 컨설팅 업무 결정에 참여할 수 없으며 토론을 포함한 어떤 형식에 의해서도 영향을 미쳐서는 안 된다.

예를 들어 내무부 토지관리 국장은 가축소유회사의 주식을 가졌다면 내무부는 연방토지에 방목권리 임대에 대한 보조금을 주기 때문에 기피방식(recusal statement)은 효율적이고 적절한 치유책이 되지 못한다. 연방토지를 다루는 해당 업무는 이익충돌을 피하기 위해 합리적으로 기피하더라도 여전히 이익충돌을 피할 수 없으며, 새로운 치유책이 필요하게 된다.

(4) 매각(Divestiture)

잠재적 이익충돌이 너무 커서 기피 방식으로 치유될 수 없을 때

법의 관점에서 이익충돌을 야기하는 자산이 공무원의 소유가 아닐 때만이 최상의 대안일 때 매각의 방법을 사용한다. 예를 들어 전 보잉사의 직원이 공군의 간부로 공직에 들어갈 때 보잉사 주식 80만 달러 치를 매각하거나 전환하지 않는다면 어떠한가? 보잉사는 공군의 항공기를 납품하는 주요업체로서 공군직원이 납품업체의 상당한 지분을 가진다면 공군의 공적 업무를 수행하는 데 항상 이익충돌을 피할 수 없다. 이 경우 기피신고는 치유책으로 작동하지 못할 것이다. 왜냐하면 그것은 공무원의 업무수행에 너무 많은 제약을 가져오기 때문이다. 매각은 이익충돌을 치유하는 가장 급진적인 방법이지만 정부 입장에서는 훨씬 효과적인 방법이다. 공직에 들어오려는 사람에게는 값비싼 대가를 지불할 수도 있다. 만일 그들이 어떤 자산을 매각할 수밖에 없다면 적절한 시점에 가장 좋은 시장 가격(market value)을 받을 수 없다. 예를 들어 주식가격이 그것을 살 때보다 낮은 가격으로 판매할 수도 있다. 이것은 좋은 투자 전략이 아니며 공직에 들어옴으로써 지불하는 비용이 될 수밖에 없게 된다. 물론 정반대 상황이 올 수도 있다. 자산이 실제로 구입할 때보다 높은 가격으로 팔 수 있는 경우가 발생한다. 그런 경우 매각은 고통스런 자본이득에 따른 세금 충격(tax impacts)을 가질 수 있다. 사적 영역에서 이윤을 창출했던 직업에서 공직에 들어옴으로써 예기치 않은 세금부담을 안게 되는 것이다.

미국정부는 1989년 윤리규정 개혁을 통해 공무원의 자산이 매각되는 시점에 매각증서(certificate of divestiture)를 가질 수 있도록 허가함으로써 이익충돌을 피하기 위해 자산을 매각하고 세금납부를 유예받도록 하였다.

버락 오바마 대통령이 취임 후 처음으로 공직사회에 로비스트의 영향력을 줄이는 방안을 골자로 한
행정명령(The executive order 13490)에 서명하고 있다(2009. 1. 21)(사진 왼쪽은 바이든 부통령).

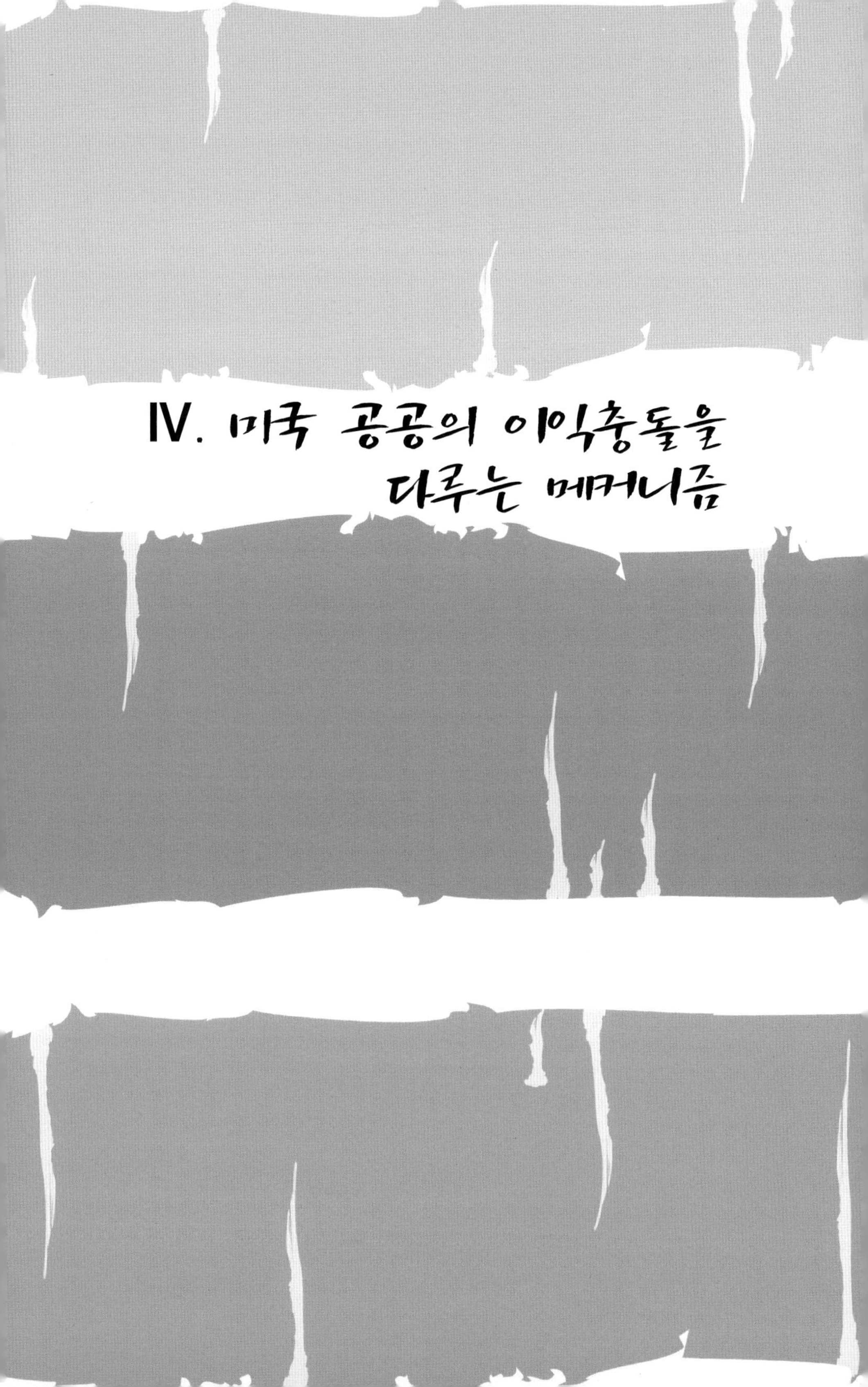

IV. 미국 공공의 이익충돌을 다루는 메커니즘

1. 미국공직윤리체계의 등장

200년 전 James Madison 前 미국 대통령은 "만일 천사가 인간을 지배한다면 정부의 외적·내적 통제가 필요치 않을 것이다."라고 언급하였다. 그의 이러한 지적은 정확히 미래에 미국이 정치적 스캔들의 위기에 직면할 것이라는 점을 예견한 것이었다. 또한 Madison은 "공무원이 자신의 이익에 기인해서 판단한 때에는 그의 청렴성은 부패하게 된다."[78]고 언급하였다. 그의 이러한 언급은 오늘날까지 정부의 책임성(responsibilities)과 국민신뢰(public trust)가 공직의 청렴성에서 나오는 것임을 의미하는 것으로 받아들여지고 있다. 미국 역사상 최초의 스캔들로 일컫는 1794년 Edmund Randolph[79] 국무부 장관의 사임으로부터 2006년 Jack Abramoff의 스캔들에 이르기까지 정부의 윤리적 논란은 미국정부 발전에 중대한 역할을 하여 왔다.

(1) 공공스캔들(public scandals)과 공직의 청렴성(integrity)

미국 정부의 스캔들은 미국 정부의 역사와 궤를 같이한다. 따라

---

78) *"No man is allowed to be a judge in his own cause, because his interest would certainly bias his judgement, and not improbably, corrupt his integrity" – James Madison, 1787.*

79) Edmund Randolph: 버지니아 주지사(1786 – 1788), 워싱턴 대통령 당시 법무부장관·국무부장관 역임, 프랑스 장관과의 서신교환(비공식적 거래) 사실이 발각되어 사임함.

서 미국의 윤리적 논란을 시대적으로 구분지어 보는 것도 오늘날의 미국정부의 청렴성을 이해하는 데 많은 도움을 줄 것으로 보인다.[80] 1789년 George Washington 대통령으로부터 1828년 Andrew Jackson 대통령이 취임할 때까지 상대적으로 적은 정부스캔들이 발생했고, 1828년부터 엽관주의(Spoils system)로 인해 정부는 무능한 공무원들을 충원하게 되고 정부지출은 공무원 개인의 호주머니에 채워넣는 폐해가 발생되었다. 1829년 연방 정부의 공무원은 단지 625명이었으며, 그중 318명이 행정부 공무원이었다. 그야말로 적은 정부와 제한된 업무를 다루었다. 그러나 정부의 역할은 1803년 루이지애나의 매입으로부터 변화하기 시작하였다. 의회에서는 운하, 다리와 같은 경제 기반시설 확충을 위한 재원을 마련하였으며 매입한 토지를 시민들에게 배분하여야 했다. 사업가들은 워싱턴에 안면 있는 인사를 갖는 것이 토지분양에 유리하다는 것을 깨닫기 시작하였다. 행정 서비스에 대한 권리를 청원하는 사람(claims agent)들이 자연스럽게 등장하였으며, 공무원은 때때로 정부를 상대로 계약을 체결하기도 하였다. 그러나 그 당시에 공무원에게 어떤 윤리적 책임도 규제하지 않았다.

1846년에서 48년 사이에 발생한 멕시코 전쟁을 거치면서 의회는 연방군대에 의하여 사유재산이 파괴된 시민에 의하여 제기된 보상을 위하여 재원을 마련할 것을 요구하였다. 공무원이 이들의 대리인으로 행동하는 것은 자신의 소득을 보전하기 위한 유용한 방법이었다. 그러나 그러한 관행은 통제의 한계를 넘어섰고, 1853년 의회는 모든 공무원은 정부 앞에서 이익을 주장하는 사적인 고객을

---

80) Roberts Robert north, *Ethics in U.S. Government*(Greenwood Press).

대리하는 행위를 금지하였다. 이것이 공무원의 윤리적 행위에 대한 경계를 지우는 단초를 이룬 사례였다.

남북전쟁에서 정부는 군수물자를 제공하는 임무를 맡았으며 이러한 새로운 정부 활동은 전례 없는 부패를 낳게 되었다. 군수조달을 위해 업자들은 공무원들에게 리베이트를 제공하는 등 갖은 방법을 동원하였다. 1864년 의회 조사위원회는 공무원이 특정 사기업의 정부계약을 위해 도움을 주고 보상을 받은 여러 가지 증거들을 찾게 되었다. 이제 의회는 의원과 공무원이 공공서비스에 대한 어떠한 보상을 받는 것을 금지하였다.

1868년 Ulysses. S Grant 대통령 선거부터 1870년대 말까지 연방, 주, 지방에서는 선례가 없는 부패사건들이 발생하였다. 정부개혁 노력들은 실패하였고, 일부에서만이 정부의 정직성, 청렴성을 회복하고자 노력하였다. Grant 대통령은 원리에 구애받지 않고 많은 보좌진과 공무원을 임명하였다. 기나긴 미국정부 역사에서 공무원은 공익이 아니고 오직 공무원 자신과 그의 가족 및 친구들을 살찌우는 자기이익(self-interest)에 헌신했다. 대통령 자신은 부패하지 않았지만 그의 재임기간 동안 스캔들은 또 다른 스캔들을 몰고 왔다. 가장 유명한 'Wiskey Scandal' 탈세 사건이 발생하였다. 미주리 주의 위스키회사에서 정부에 납부하여야 하는 세금을 탈세한 사건으로, 대통령 비서가 관련되었으며 워싱턴과 미주리 주의 국세청 공무원 238명이 연루되어 발생한 부패 사건이었다. 연루 공무원 모두가 기소되어 절반 이상이 유죄 판결을 받았다.

산업의 발달은 정부의 기능을 확대하였으며 기업들은 이제 정부의 기능을 필요로 하였다. 정부가 자신들에게 우호적인 조세정책을 펴도록 유도하고 경쟁의 저해요소를 없애거나 자원 이용권을 얻기 위해 기업은 적극적으로 정책 결정자들에게 영향을 미치려 하였다. 1872년 유명한 Credit Mobilier Scandal은 정부로부터 특혜를 얻기 위해 어떻게 부패한 행태를 보였는지를 보여 주었다. 19세기 말까지 미국사회는 공공의 도덕성(public morality)을 인식하는 데 미약하였으며 엽관으로 임명된 공무원은 차기 선거를 의식한 나머지 적은 봉급과 공직의 명예보다 자신의 이익을 먼저 생각하게 되었다.

1900년부터 1920년까지 전개된 진보운동(progressive movement)은 정부윤리(Government Ethics)를 변화시키는 계기가 되었다. 1910년 부패방지법(Corrupt Practices Act)을 제정하여 기업으로부터 정치 자금의 모금을 제한하였으며, 정치 자금법(Campaign finance laws)을 제정하여 제한된 범위 내에서 선거 비용을 공개하도록 하였다. 1920년의 대공황, 제2차 세계대전, Franklin Roosevelt의 뉴딜 정책은 정부가 성공적으로 어려움을 극복한 것으로 기록되었다. 제2차 세계대전 이후 스캔들은 점차 자주 공공연하게 드러나게 되었다. 많은 미국인들은 여전히 대수롭지 않은 것으로 간주하였으나 이러한 와중에 정부의 청렴성을 보호하려는 움직임은 조심스럽게 나타나기 시작하였다. 1917년 의회는 연방공무원이 비정부단체로부터 보수를 받는 것을 금지하는 것을 입법화하였다. 이것은 공무원이 비정부 스폰서에 의하여 보조받음으로써 정책 결정에 불편·부당하게 영향받지 않도록 보증하기 위한 것이다. 현재까지도 보수를 보전받는 것은 금지되고 있다.

제1차 세계대전은 공무원이 정부의 비밀정보에 접근해 이익을 창출할 수 있는 기회를 만들었다. 예컨대, 전쟁부서와 계약을 추구하는 회사는 기꺼이 신무기를 구매하려는 전쟁부서 계획에 대한 정보를 사전에 돈을 지불하고서라도 사들이려고 하였다. 그러한 부서의 공무원이 퇴직할 때 정부의 내부정보(inside information)를 알기 위해 기꺼이 고용하려 한다. 이러한 것들은 정부 공무원에 대한 부당한 압력이 될 수 있으며 회사를 위한 불공정한 이익을 만들어 내는 것이었다. 의회는 공무원이 퇴직 후 2년 동안 전 근무 기관을 상대로 외부 이익(outside interests)을 대표하는 것을 금지시켰다. 다만, 이러한 금지는 전쟁기간으로 한정되었다.

미국 경제가 산업화를 겪으며 열정적인 기업가들에 의해 소용돌이치고 있을 때 식품과 농수산물 분야에서는 무기력하고 부패한 검사관들로 규제가 엉망이었다. 포장된 육류에서 위험한 박테리아가 나오고, 상한 생선에 바셀린을 바르고, 진열된 꿀은 가짜로 드러나는 등 제품 안전비리가 발생했다. 1906년 당시 테오도어 루주벨트(Theodore Roosevelt) 대통령은 식품의약국(FDA) 창립법에 서명하여 오늘날과 같은 의약품과 식품에 대한 질 관리 기반을 갖게 되었다.

1920년대 Warren G. Harding 대통령은 부적격한 자신의 동료들을 각료와 고위 공직에 임명하였다. 그들은 거대한 기업을 위해 일하는 로비스트들과 자유롭게 사귀었다. 대통령의 오랜 친구인 Albert B. Fall을 내무부 장관에 임명하였으며 3개의 중요 유전을 해군에서 내무부로 이전하는 과정에서 자신의 친구가 있는 석유회사에 특혜를 주는 유명한 Teaport Dome 스캔들이 발생한다. 이 스캔들에서 Fall은 리스 석유 계약을 맺고 40만 달러의 석유주식을 업체로부터 받아 처벌을 받았다. 이러한 스캔들은 도덕적 불감증에 걸린 당시의 시대 상황을 잘 나타낸 것으로 기록된다.

1960년대 초의 Truman과 Eisenhower 행정부에서 일련의 윤리적 논란이 제기되어 국민신뢰(public confidence)가 추락하였으며 정부는 더 강력한 윤리 규정을 채택하였다. 1960년대 John F. Kennedy와 Lydon Johnson은 성공적으로 윤리 규정을 강화해 나갔다.

1974년 Richard Nixon 대통령은 워터게이트 스캔들로 사임하였다. 이 사건은 미국 정부의 윤리 개혁을 위한 의회, 국민의 지지를 이끌어 내는 결정적인 계기가 되었다. 워터게이트에서 드러난 광범위한 불법 정치자금 모금의 제도적 결함(loophole)을 차단하기 위해 연방선거법(Federal Campaign Act)을 개정하였으며 연방선거관리위원회가 신설되었다. 1977년 상하원은 재산등록을 실시하고 외부 소득, 선물, 향응 등에 대한 보다 강한 윤리 규정을 도입하였고, 이듬해에는 연방윤리법(Ethics in Government Act)을 제정하여 입법, 사법, 행정부의 고위 공직자에 대한 재산등록을 실시하고, 공직자가 퇴직한 후 직무 관련 사기업에 취업하는 것(revolving door)을 제한하는 것 등 이익충돌(conflict of interest)의 이념을 법제화하였다. 또한, 1979년부터 2000년까지 26명의 독립검사를 임명하여 대통령을 포함한 고위 공직자 관련 범죄를 조사토록 하였다.

Jimmy Carter, Gerald Ford, Ronald Reagan, George Bush, Bill Clinton 前 대통령까지 윤리적 논란에 직면해 왔다. 의회는 워터게이트 이후 줄곧 금전과 특별이익 및 로비를 통한 증가되는 영향력을 줄이는 방법을 찾아왔다. 이러한 스캔들과 윤리적 문제를 해결하고자 하는 개혁 노력들은 미국 정부체제를 발전시키는 데 커다란 도움을 주었으며 미국정부가 정부 청렴성을 확보하여 국민신뢰를 얻는 것을 가장 커다란 모토로 하여 노력하고 있는 것이다.

(2) 미국정부의 역할 변화와 공직윤리의 가치

미국 민주주의의 번영을 위한 조건은 부패 없는 선거제도, 이익집단들의 동등한 경쟁, 엘리트와 엘리트 조직들의 효율적 업무 수행이 충분히 작동될 때 이루어진다.[81] 진보시대(Progressive Era), 뉴딜 정부(the New Deal), 1960년대로 이어지는 정부 역할의 변화는 미국 청렴체계 구축에도 크게 영향을 미치게 된다.

남북 전쟁 후 정부는 국가 내에서 증가하는 경제적 불평등에 직면하였다. 국가는 의원들과 그들의 표를 살 수 있는 강력한 기업가에 의해 통제되었다. 노동자와 소비자는 기업의 힘에 도전하기 위해 이익집단을 조직해야만 했으며 국민들로부터 정치적 지지를 얻게 되었다. 이것이 진보주의(progressives)라고 불리는 것이다. 정부는 그의 권한을 국민과 노동자 및 소비자의 뒤에서 거대한 기업들과 균형을 유지하도록 하는 것이다.

이러한 정부견해에 대한 도전은 엽관주의(Spoils System)의 도입으로 시작되었다. 승리한 정당은 패배한 정당의 정부 공무원의 자리를 차지하고 정당을 위해 충성하는 공무원으로 교체되었다. Andrew Jackson 대통령은 공무원에게 특별한 지식과 경험을 요구하지 않았으며 공무원의 임무는 맡은 일을 수행할 수 있다며 전문성을 인정하지 않았다. 그러나 1883년 Pendleton Act로 엽관주의는 사라졌으며 정부를 민주화하고 권한을 하향으로 재분배해야 한다는 주장이 제기되었다.

---

81) John B. Judis, The Paradox of American Democracy(Pantheon Books: New York 2000), p.31.

New Deal은 정부가 새로운 사회복지와 경제재건 프로그램을 시행하기 위해 정부지출을 통한 정부 역할의 확대를 가져왔다. 공무원은 전보다 강력한 경제적 이익을 가진 활동에 참여할 기회를 갖게 되었다. 이어 제2차 세계대전 후 국가는 경험 있는 기업가를 전후 경제를 관리하기 위해 공직에 데려왔다. 정부 지도자들 가운데 상당수가 전 기업주와 연계되어 있었으며 심지어 계속해서 그들 기업주로부터 보상을 받고 있었다. 정부윤리를 진전시키려는 노력은 좀 더 복잡하게 진전되었으며 전 고용주와의 관계를 계속 갖고 있는지 배경을 점검하기 시작하였으며 기업의 후원을 받는 공무원은 기업에 영향을 미치는 공공서비스를 담당할 수 없도록 하였다.

제2차 세계대전 후 정부는 경쟁하는 집단 사이에서 심판자로서의 역할을 해야만 했다. 법률은 집단이 경쟁하고 승리를 인정하며 승자와 패자 및 타협의 기록을 남겨 두어야 했다. 이러한 이해는 1946년 정부로부터 정부의 집행규정상의 재량을 제거하는 행정절차법(Administration Procedure Act)에 구체화되었다. 이 법은 정부의 역할이 직접적으로 공익을 추구할 뿐만 아니라 간접적으로 대다수 집단에 적용했던 프로그램 또는 해결책을 확인하는 것이다. 이어 정부는 노동과 환경 규제에 고심하던 기업의 로비에 직면하게 된다.

미국정치체제의 세 가지 영역으로 엘리트, 이익집단 그리고 정당은 정부에 자신들의 영향력을 미치면서 국가를 움직이며 역사를 만들었다. 이들이 정부에 미치는 영향력의 정도는 미국인들이 정부의 역할을 어떻게 인식하느냐에 달려 있다. Madison, Hamilton 등 미국 건국의 아버지는 정부를 엘리트 가치의 보호자로 간주하였다.

정부는 국가 내에서 개인과 집단 및 각 주의 특별한 이익을 넘어서서 국가의 이익 또는 국민의 이익을 위해 일하는 것이다. 미국 의회는 국가의 진정한 이익을 위해 최상의 여론을 수렴하고 정교하게 꾸미는 역할을 하면서 신뢰가 자연스럽게 형성되었다. Franklin Roosevelt와 New Dealer들은 정부를 '국민 이익의 실현'이라고 보았으며, John Dewey는 '공무원이 진정으로 공익에 봉사하는 것'이라고 하였다.

1978년 제정된 연방정부윤리법의 주요 내용

○ 대통령·부통령·행정부 고위 공무원, 의원, 연방판사 본인과 그들의 배우자와 미성년자인 자녀들의 재산을 등록한다.

○ 정부윤리청을 설립하여 연방 행정기관(executive agency) 소속 공무원들의 이익충돌(conflict of interest)과 관련된 운영원칙들에 대한 전반적 감독을 주된 임무로 한다.

○ 연방 공무원의 퇴직 후 활동(post-government activities)에 대한 제약을 규정한다.

○ 대통령·부통령·각료들에 대한 범죄 혐의를 수사하고 기소하기 위해 특별검사를 임명하는 메커니즘을 구축한다.

(3) 미국 연방정부의 윤리기반(Ethics Infrastructure)

1961년 케네디(John F. Kennedy) 대통령의 행정 명령(Executive Order 10930)은 행정부 공무원의 윤리적 행위를 규제하기 위한 오랜 노력의 첫 시도로 기록되고 있다. 그의 뒤를 이은 존슨(Lyndon B. Johnson) 대통령은 고위 공무원의 자산과 소득을 등록하도록 하였다.

1974년의 닉슨 대통령의 사임으로 야기된 정부 불신의 위기를 극복하기 위해 의회는 공직윤리의 법제 정비에 착수하게 되었다. 1978년 의회를 통과함으로써 결실을 보게 된 정부윤리법(Ethics in Government Act of 1978)과 인스펙터제너럴법(Inspector General Act of 1978)은 현재 미국 연방행정부윤리기반의 두 가지 중요한 축을 형성하고 있다. 이 법들을 모태로 하여 각각 정부윤리청(Office of Government Ethics, OGE)과 인스펙터제너럴국(Office of Inspector General, OIG)이 설치, 운영되고 있다.

한편 같은 해에 제정된 공무원제도개혁법(Civil Services Reform Act of 1978)은 공직윤리 확립을 위한 필수적인 장치라고 할 수 있는 내부 고발자에 대한 보호장치를 마련하고 있으며 특별검사국(Office of the Special Counsel, OSC)을 설립하여 연방 차원의 입법적 보호 장치를 갖게 된 것이다.

국민들은 선출된 공무원이 높은 윤리기준을 갖기를 원한다. 미국 의회에서 1830년대 Daniel Webster 상원의원이 의회윤리의 법적 실행을 주장한 이래 의회가 법적으로 윤리적인 문제에 접근하기까지 50여 년이 걸렸다. 의회 구성원들은 이익충돌이 제기되는 문제를 금지하는 규정들을 만들었으며, 의원의 외부활동을 금지하였다. 윤리법은 정치기부금(campaign funds)은 개인적인 용도로 지출할 수 없도록 하였으며 그동안 의원의 가족들이 받았던 보수도 금지되었다.

그러나 국민 여론에 따라 정치적·재정적 관행이 바뀌기 때문에 이를 법에 반영하게 된다. 이러한 주체적 역할은 시민단체들에 의하여 이루어졌으며 그들은 의회의 행동들을 예의 주시하며 윤리적 실책이나 공직 남용(abuses of position) 행위를 공론화하였다.[82] 의회에서 발생한 스캔들은 국민여론을 자극하게 되고 의회 윤리행위 규범에 대한 재조사를 이끌기도 하였다. 1872년 Credit Mobilier 스캔들은 의원들의 외부활동(outside business and financial activities)을 제약하는 계기가 되었다. 스캔들은 그 당시 일부 상하원 의원들이 대륙횡단 철도 건설을 위해 정부로부터 보조금을 지급받은 철도회사로부터 주식을 배당받았던 사건이었다.

헌법은 상·하원 의원들의 부정행위(misconduct)를 의회의 책임 아래 처리하도록 하였다. 따라서 1960년대까지 부정행위에 대한 특별한 조사 절차는 부족했으며, 1967년에 이르러 상원윤리위원회(The Senate Select Committee Ethics)와 하원윤리위원회(The House Standards of Official Conduct Committee)가 설치되면서 의원과 직원들의 비위행위(Charges of Impropriety)를 조사하게 되었다. 하원윤리위원회는 공화당과 민주당이 각각 동수로 10명씩 구성되었으며 의회 윤리규정과 재산등록 사항을 다루고 있다.[83]

미국 사법부는 법원의 판결에 대한 국민의 복종 여부는 법관의 청렴성과 독립성에 대한 국민의 신뢰에 달려 있는 것으로 보고 있다. 법관의 청렴성과 독립성은 법관의 공정한 행위에서 비롯되는 것으로 믿고 있다. 따라서 미국의 법관 행동강령은 법관이 사법부의 청렴성과 독립성이 보존될 수 있도록 수준 높은 행위기준을 수립하고 집행하고 있다. 법관은 가족, 사회적 기타 관계가 법관으로

---

82) Donald A. Ritchie, *"Congress of the United States"*(Oxford University press: 2000), p.78.

83) http://www.house.gov/ethics/

서의 행동이나 판단에 영향을 미치도록 해서는 안 된다. 법관은 법관직에 부여되는 신망을 타인의 개인적 이익 증진을 위해 사용해서는 안 되며, 타인이 법관에게 영향을 줄 수 있는 특별한 위치에 있다는 인상을 주거나 타인으로 하여금 그러한 인상을 주도록 허용해서는 안 된다. 법관은 법관의 공정성에 대해 부정적인 인식을 형성하거나 충실한 직무 수행을 저해하거나 법관의 지위를 악용하거나 법관이 종사하는 법원의 심리를 받게 될 가능성이 높은 변호사나 기타 자와의 빈번한 거래에 법관을 개입시키는 금융 및 사업 거래를 삼가야 한다. 이와 같은 법관 행동강령은 사법회의(Judicial Conference) 산하의 행동강령위원회에서 맡고 있다. 행동강령의 위반은 사법부에 대한 국민적 신뢰를 약화시키며 법을 토대로 한 정부체계를 훼손한다. 본 행동강령은 민사상 책임이나 형사소추의 근거로 사용될 의도로 제정되지 않았으며 징계행위의 적합성 여부와 징계 수준 등을 정한다.

미국 연방윤리청

(1) 개관
미국 연방 행정부 내에서 윤리문제에 관한 감독관청의 지위를 지닌다(미 연방행정규칙 제5장 제2600절 제101조). 1978년 정부윤리법에 의해 설치될 당시에는 미 연방 인사관리국(Office of Personnel Management)에 소속된 기관이었으나 1988년 법 개정을 통해 1989년 독립 기관으로서의 법적 지위를 부여받았다.

(2) 법적 근거
정부윤리청의 조직과 임무는 정부윤리법에 그 근거를 두고 있으며 연방행정규칙(Code Federal Regulations, CFR)에서 그 세부사항들을 규정하고 있다.

(3) 주요 임무
- 연방윤리청장은 모든 연방 행정기관들을 그 임무수행의 관할로 삼고 있다. 여기서 행정기관 이라 함은 행정 각 부(executive agency), 정부운영기업(Government corporation) 및 독립기구(independent establishment)들을 총칭하는 개념이다.

- 연방행정기관 소속 공무원들의 이익충돌 행위에 대한 각 행정기관의 자체적인 운영원칙들 과 관련하여 전반적인 지휘를 행할 의무를 지고 있다.

- 이익충돌 관련 행정입법의 제정 권한, 특정 연방공무원들의 재산신고서 검토, 윤리관련 법 률, 규칙 등에 대한 교육 및 훈련, 각 부처 윤리담당 공무원들에 대한 지침제시 및 관련 법 령의 유권해석, 연방 행정부 내 윤리프로그램의 모니터링 등이 그 주요한 내용이 된다.

- 조사의 권한은 연방행정규칙(CFR)에 규정된 청문절차의 개시 필요성을 판단하기 위한 조사 에 국한된다(CFR 제5장 제2683절 제504조).

(4) 조사문화(The Investigatory Culture)

부패문화(culture of corruption)란 '삶의 문화', '죽음의 문화'와 같이, '……의 문화'라는 표현으로 사용되며 측정할 수 없는 일련의 가치를 나타내는 유사한 용어의 사용 예이다. 미국 내에서 이러한 용어가 사용되기 시작한 것은 공화당의 의회집권이 장기화되면서 공화당 소속 의원들의 부패 스캔들이 계속해서 터지자 민주당에서 정치적 슬로건으로 사용하면서부터 미국 국민들에게도 광범위하게 알려지기 시작하였다.

공화당 Bill Frist 상원의원의 백지신탁 아래에서 이루어진 주식 내부자거래 공모, Tom Delay 원내 대표의 자금세탁 혐의 기소 및 Abramoff Scandal에 이르기까지, 의회를 장악한 공화당은 미국 국민의 희생 아래 부패문화의 규범을 만들었으며, 이러한 만연한 부패 인식에 대한 경각심을 불러일으키기 위해 사용되기 시작하였다.[84]

청렴 정책의 감추어진 비용(hidden cost)은 미국 정치에 자리 잡고 있는 조사문화(investigatory culture)의 출현이다. 공무원은 공직에 취임한 이후 의회, 독립검사, 소속기관의 검사관, 조사자들에 의해 조사받고 있으며 항상 누군가에 의해 조사받고 있음을 느낀다. 의원들은 의원 상호 간, 윤리위원회, 법무부에 의해 조사받는다. FBI와 검사들은 지금 이 순간에도 수많은 조사를 진행하고 있으며 청렴 정책의 새로운 시도는 이러한 조사문화를 가속화하는 것이다. 윤리 규정 위반을 막는 최상의 방법은 위반을 저지를지도 모르는 지위의 공무원을 조사해야만 하는 것이다. 조사자와 검사들은 반드시 규정 위반이 일어나기 전에 증거를 기다려야 하는 것은 아니다. 조사자는 부적절하고 명확한 증거 또는 실제 범죄를 찾지 못하면 다른 조사를 진행할 것이며 항상 모든 부적절한 새로운 조사를 고

---

84) "CNN 미국 중간선거 출구조사 결과" November 8, 2006.
   - 2006년 미국 상·하의원 중간선거의 출구조사(Exit polls) 결과, 투표자들은 이라크 전쟁을 포함하여, 다른 어떤 이슈보다 정부 부패와 윤리문제가 선거에 가장 큰 영향을 미쳤다고 답하였음.
   42%: 부패와 윤리,   40%: 테러,   39%: 경제,
   37%: 이라크,   36%: 가치,   29%: 불법이민

 윤리 딜레마 탈출 - 이익충돌(conflicts of interest)의 지혜 -

무하고 새로운 집행을 요청한다.

지난 수십 년 동안 청렴정책으로부터 성장해 온 조사 관행(investigative machinery)의 필요성과 가치는 결코 심각하게 도전받거나 질문받지 않았다. 그만큼 신중한 정부의 필요성보다 더 많은 조사와 조사자들에 의한 조사가 당연한 것으로 받아들여졌기 때문이다. 조사는 정부 청렴성의 바람직한 보호막이며, 정직한 지도자를 보증하는 최상의 방법은 공무원의 공적 행동이 항상 면밀히 조사받음으로써 이루어진다.

그러나 시간이 지남에 따라 이러한 태도는 좋은 자질의 사람들이 정부를 떠나게 만들거나 떠날 마음을 갖게 한다. 공무원은 조사를 받게 되는 이익충돌이나 자기거래의 혐의를 불러일으킬 수 있는 행동이나 결정을 피하기 위해 신중하고 소극적으로 행동하기 마련이다. 따라서 조사문화는 관료적 비효율성을 증대시킨다. 공무원의 의사결정 과정은 내·외부적으로 감시받으며 이익충돌(conflict of interest), 공직 남용(abuse of office) 또는 윤리적 위반의 가능성을 줄이기 위해 의사결정체계가 복잡해지고 느려진다. 이러한 과정을 수행하기 위해 더 많은 직원과 공무원이 잘못이 없도록 하는 새로운 기관이 필요하게 된다.

2. 공직 취임 전의 이익충돌(conflict of interest) 방지 기제

(1) 공공의 이익충돌법(conflict of interest law)의 개관

이익충돌법의 목적은 공무원의 재량적 판단이 공정하게 행사되도록 보증하는 것이다. 공무원의 판단이 공익으로부터 어느 정도 벗어났는지를 판단하기는 어렵다.[85] 따라서 공무원의 판단이 공정한지를 나타내는 지표로서 이익충돌이 사용된다.

미국에서 공무원 범죄는 뇌물죄(criminal bribery)와 이익충돌 범죄(criminal conflict of interest)로 구분되어 적용되고 있다. 뇌물죄는 공무원이 금품과 향응을 받고 그에 보답하는 특정한 공적 활동을 함으로써 이른바 대가성을 구성하는 반면, 이익충돌 범죄는 공무원이 사익(private interest)을 얻기 위해 공익을 훼손하는 행위로서 대가성을 필요로 하지 않는 특성을 지닌다.

수많은 비평가들이 지적한 바와 같이 뇌물법은 범위가 제한된다. 뇌물은 뇌물을 받은 공무원이 공식적 행위의 성과로 영향력이 있게 보답하는 것이다. 뇌물은 종종 주는 사람과 받는 사람 상호 간에

---

85) Andrew Stark, *Conflict of Interest in American Public Life*(Cambridge, Mass: Harvard University Press, 2000), p.21.
   The aim of conflict of interest law is to ensure that such discretion, such official judgement, is exercised in an unimpaired way.

심적인 일치상태 때문에 입증하기가 어려우며 성공한 부패행위는 좀처럼 드러나지 않는다. 일반적으로 뇌물을 '*Quid pro quo*'라고 표현하며 공무원와 시민 또는 집단 사이의 가치의 교환으로 정의한다. 시민이 자기의 이익을 위해 공무원에게 주는 가치를 '*Quid*'로 정의하며 각종 향응, 접대, 교통, 숙박 등 편의의 제공 및 정치기부금을 포함한 금전적 제공의 형태를 말한다. '*quo*'란 공무원이 그에 대한 보답으로 제공하는 것이며 제공한 시민이나 집단의 이익에 혜택을 주는 공식적 행동을 의미한다.

*Quid pro quo*의 유래는 라틴어 'du ut des'에서 유래하였다. 직역하면 "내가 주니, 너도 준다(I give, so that you give)."로 표현되며 법률적 용어이다. 물품, 향응(favor)을 가치 있는 것(something of value)과 교환하는 것이다. 통상적 거래에서 동등한 것과 교환되는 것이며 그 교환이 공공정책에 의하여 제약이 될 때 제기된다. 선물과 값비싼 식사를 제공하는 것이 가장 평범한 방법이다. 정치기부금을 내는 사람은 기부자가 동의하는 지위를 수용하는 후보자를 지지하거나 기부자에게 그에 상응하는 혜택을 줄 것을 기대한다. 그런 행동은 기부금과 공식적 행동 사이의 교환으로 사전과 사후에 확인할 수 있는 교환일 때만 뇌물(bribery)이 된다.[86]

미국 연방윤리청(OGE: U.S. Office of Government Ethics)은 공무원 비리가 '이익충돌'에서 나오는 것으로 보고 있다. 이익충돌이란 공무원이 업무를 수행할 때 본인 혹은 자신과 관련 있는 사람 및 단체의 이익을 위해 일할 때 공공의 이익을 희생하는 것으로 보는 것이다. 이러한 부패를 포함한 부적절한 행위의 발생을 사전에 예

---

86) Wikipedia, the free encyclopedia, *The definition of Quid pro quo* http://en.wikipedia.org

방하기 위해 아예 이해가 충돌되는 단계에서 경각심을 불러일으켜야 한다는 것이다. 많은 경우 당사자가 잘못을 저지르고 있다는 사실을 알지 못하고 있으며 부패행위가 발생했을 때 당사자들은 자신의 문제를 숨기기에 급급한데 이런 태도가 더욱 문제를 심각하게 만든다.

미국에서 이익충돌법은 형법의 관련 조항(U.S.C. 18§ 202~209)을 일컫는 말이며 최소한 법원에서 헌법, 법률과 지침에 근거하여 공무원의 재량(official discretion)의 한계를 다루는 것과 관련된다. 정부의 행위가 공무원의 정당한 권한 범위 내에 해당되는지를 시민들 스스로 판단할 수 있도록 열어 놓은 것이다. 그러나 이익충돌법은 공무원의 판단과 재량이 훼손되지 않는 방식으로 집행되도록 보장되어야 한다.87)

30년 전만 해도 법원에서 윤리적 행동을 판단한다면 외부적 행동이 아니고 의도나 동기를 가장 기본적으로 고려하였다. 그러나 어떤 법원도 공무원의 심적 상태를 알 수는 없었다. 살인이나 절도 등의 범죄행위는 개인의 의도나 동기를 수반하여 이루어지기 때문에 법원에서 접근할 수 있었으나 공무원의 정책결정, 집행과정상에서 그 이면의 마음상태를 가려 낼 수는 없었다. 이익충돌법은 궁극적으로 심리적 상태에서 나온 외부적 행동(external acts)에 초점을 두고 있다. 최근 수십 년 동안 이익충돌은 미국 공직사회에서 뇌물, 공직매수, 공금 리베이트(kickback), 그리고 다른 형태의 주요 부패행위(malfeasance)를 대체해 왔다. 이러한 사실은 금전적 뇌물수수

---

87) Andrew Stark, "*Conflict Interest in American Public Life*"(Cambridge, Mass: Harvard University Press, 2000), p.21.

행위가 드물고 비금전적 이익을 중심으로 공무원들의 공공활동에 영향을 미치는 것이 증가하는 현실에 대한 윤리적 논의를 반영한 것이다.

미국에서 이익충돌은 대통령으로부터 말단 실무직원에 이르기까지 공직의 근본적인 행동규범으로 자리 잡고 있다. 9·11테러 이후 테러방지를 위한 부시 행정부의 광범위한 감청문제(domestic spying program)에 대해 엘 고어(Al. Gore) 전 부통령은 영장 없는 감청은 미국 헌법과 법의 지배(the rule of law)에 위배되는 대통령의 권한 남용이라며 법무부장관이 대통령의 법위반 행위를 조사하는 것은 명백한 이익충돌 위반이므로 법무부장관이 독립검사를 임명해야 한다고 주장하였다.[88] 이러한 고어 前 부통령의 언급은 미국 공직 사회에서 이익충돌의 메커니즘이 어느 정도 보편화되었는가를 단적으로 보여 주는 예이다.

이익충돌법은 미국의 법률 중에서 유일하게 시민을 최종 심판자로 생각하는 법이며 공무원의 공적 활동 영역, 즉 재량의 범위를 법률적 영역 내에서 논란 없이 조율해 내는 메커니즘이다. 이익충돌법은 공무원의 심적 판단인 재량을 손상받지 않는 방식으로 수행하도록 보장하는 것이다. 결국 공무원의 심적 상태를 직접적인 처벌의 대상으로 삼는 것이다.

---

88) Al. Gore, "헌법적 주제에 대한 연설", Washington post, Jan 16, 2006.

(2) 재정적 이익충돌(financial conflict of interest) 이론

공무원은 공공의 신탁(public trust)에 의하여 그 지위를 부여받았으며 미국 국민은 모든 공무원이 사적 이익을 넘어서 헌법, 법률, 규칙과 윤리적 원리를 준수할 것을 기대하는 당연한 권리를 가진다.

공무원이 따라야 하는 윤리의 핵심으로는 다음의 두 가지가 있다.

- 공직자는 사익(private gain)을 위해 공직을 이용해서는 안 된다.
- 공직자는 개인 또는 사적인 조직을 위해 우호적으로 업무를 처리해서는 안 되며 공정하게 처리해야 한다.

공무원은 미국 연방법(federal criminal stature) 규정에 의하여 그 자신의 재정적 이익(financial interest)뿐만 아니라 배우자 또는 미성년자인 자녀의 재정적 이익, 사업 동업자의 재정적 이익, 공무원이 한때 근무한 적이 있는 조직의 재정적 이익 및 공무원이 퇴직 후 취업을 위해 협의하고 조정한 사람이나 조직의 재정적 이익을 위해 영향을 미치는 정부의 특정사업에 대해 개인적, 실제적으로 참여하는 것을 금지한다. 다만, 재정적 이익 중 1만 5천 달러 미만의 주식(securities)에 대해 직접적으로 전가된 재정적 이익, 금액의 많고 적음에 관계없이 분산된 뮤추얼펀드(diversified mutual fund)와 단위 투자신탁(unit investment trust)은 제외하고 있다. 물론 기관의 특성에 따라 몇몇 기관은 공무원의 배우자와 미성년자에 대하여 재정적 이익충돌을 확대하고 있다. 이러한 관점에서 모든 공직자는 법이나 윤리적 기준에 위반됨으로써 야기될 수 있는 공직자의 품위(appearance)를 해치지 않도록 노력하여야 한다. 이러한 일반 윤리를 준수하여 시민들로부터 정부활동과 그 프로그램의 청렴성을 확보함으로써 국민신뢰를 얻고 있다.

  예를 들어 정부에 납품하는 업체의 주식을 소유한 공무원이 납품계약의 결정에 참여하였다면 이익충돌 상황에 있는 것이다. 만일, 공무원 자신뿐만 아니라 배우자 또는 미성년자가 그 회사에 고용되었더라도 공무원의 재정적 이익에 포함시키고 이익충돌 상황으로 본다. 또한, 미래의 고용을 위해 회사와 협의하고 있다면 잠재적 이익충돌(potential conflict)을 가진 것이다. 그런 경우, 잠재적인 이익을 회피하기 위해 계약 결정에 참여하지 않거나, 공무원의 이익이 계약 결정에 영향을 미치지 못할 미미한 것일 경우 윤리담당기관의 허락(waiver)을 받아야 한다.

3. 대통령의 고위 공직자 인사검증
— Presidential Appointment Process —

(1) 연 혁

대통령은 선거를 통해 신임을 받은 사람이지만 대통령에 의해 임명되는 고위 공직자는 국민들로부터 직접적인 신임과정을 거치지 않았다. 의원내각제를 운영하는 대부분 선진국은 선거를 거친 의원이 장관을 겸하기 때문에 인사검증 문제가 국민적 관심사항이 안된다.

미국의 인사검증은 1953년 아이젠하워 대통령의 행정명령(제10450)에 따라 대통령이 임명하는 모든 공직 후보자에 대한 FBI의 사전검증(Full Field Investigation)을 의무화하면서 시작되었다. '50년대 인사검증은 냉전체제에서 국가안보를 위해 공직자의 사상을 확인하는 데 노력하였고, 60년대 이후 정부신뢰를 위해 공정한 업무처리를 담보하기 위한 공직자의 재산 등 청렴성을 검증하는 데 주력하였다.

미국에서 현재와 같은 인사검증제도가 정착하기까지 상당한 진통을 겪고 이루어졌으며 지금도 공직 후보자로 지명된 사람은 자료요구, 사생활 노출 등 부담스럽고 어려운 것으로 받아들여지고 있다.

(2) 일반적 과정

대통령 비서실 인사부서(The Office of Presidential Personnel in the White House)는 공석이거나 공석이 예상되는 경우, 고위 공직자를 찾는다. 특별한 직위에 적절한 인물이 있을 때는 단순하지만 그런 경우는 드물고 전형적인 예는 많은 후보자들을 검토하고 이익집단의 선호, 정치적 집단의 지지, 대통령 비서실의 견해가 수렴된 후 행정부의 절차에 따라 이루어진다. 이 과정에서 보통 6명에서 3명의 후보자로 압축하고 검토해 나간다. 이 중에서 단일의 후보가 선정되면 후보자가 맡은 직무와 개인적 이익을 검토하게 되며 검토 결과가 긍정적이면 긴 조사가 시작된다.[89]

후보자가 대통령의 프로그램의 충실한 지지자인지, 정적으로부터 비판받아 행정부의 짐이 되는 것은 아닌지를 결정한다. 단일후보자가 결정되면 대통령 비서실(The Office of the Counsel to President)에서 관여하게 된다. 후보자로부터 인사검증을 위한 여러 가지 기본서류를 받게 된다.

- 백악관의 '개인 서류(personal Data statement)': 질문지(23개 항목)는 24시간 내에 완성되어야 하며 질문지에는 대통령을 당황하게 할 수 있는 논란이 있는 집단 가입, 기고문, 18세 이후 불법적인 약물 복용 사실 등 병력 등 의학 정보등을 기록
- 정부 인사관리국의 기본 서류(the U.S. Office of Personnel Management's Standard Form 86): 국가안보 상황에 대한 질문지

---

89) G. Calvin Mackenzie & Michael Hafken, *Scandal proof: Do Ethics laws make Government Ethical*(The Brookings Institution, 2000), p.117, 119.

(Questionnaire for National Security Positions)는 2주 내에 완성되어야 하며 FBI의 배경 조사를 위한 근거자료가 된다. 질문지에는 후보자의 학력, 경력, 외국여행, 알코올 중독 여부, 범죄기록, 정신건강진료 여부, 파산 여부 등을 포함한다.

- 정부윤리청(OGE) Form 278(Public Financial Disclosure Report)
- FBI의 조사 동의서
- 신용조사, 건강기록, 납세 기록(3년간)
- 공직 후보자의 지문 날인
- 개인의 질병 정보

이러한 서류는 백악관의 검토를 거치며 후보자는 정부윤리규정에 따르겠다는 윤리협정에 서명한다. 후보자는 공적 직무와 충돌하는 재정적 포트폴리오, 기업의 이사직 등 특정직위는 사직하게 된다.

이 과정이 진행되는 동안 FBI는 지명자의 배경조사(full field investigation)를 진행한다. 이것은 신정부 출범 시에는 기간이 연장되기도 하지만 통상 35일 내에 완료되며 지명자의 적격 여부를 판단하는 것이 아니고 단순 정보(raw data)를 가감 없이 수집, 전달하는 임무를 수행한다. 조사 내용에는 첫째, 지명자가 제출한 서류의 진위 여부(학위, 병역, 고용 등)를 확인한다. 둘째, 지명자와 친한 사람으로 통상 12명으로부터 지명자의 평판, 인격, 음주, 사업, 편견, 재정적 책임에 대한 의견을 수집한다. FBI의 수집된 정보는 가치판단 없이 백악관(The Office of the Counsel to President)에 보내진다. FBI는 인터뷰에서 받은 사람의 견해에 대해 입증하는 노력은 하지 않는다. 이러한 인사파일은 백악관에서 검토되고 상원 위원회(The Senate committee)의 위원장 등에게 전달된다.

일각에서는 이러한 **FBI**의 인터뷰 자료에 대해 검증을 거치지 않은 내용이 공식적 인사서류로 남는 문제가 있다고 주장하기도 한다. 일반적으로 이러한 과정은 후보자가 임명 후보로 통보받은 지 수개월이 걸리며 이후 상원의 인준과정이 뒤따른다.

FBI 검증사항 'CARL(A)BFAD'

C	Character 성품	전체적인 성향, 신뢰도와 판단력
A	Associates 동료, 소속단체	지인 및 소속단체의 특성과 맺고 있는 관계
R	Reputation 평판	소속 지역사회에서의 명망
L	Loyalty 충성	국가에 대한 태도와 충성도
(A)	Ability 능력	(법관, 법무부 공직 후보자) 직무수행 능력
B	Bias / prejudice 편견 / 선입관	특정 그룹에 대한 불합리한 태도를 가졌는지 여부
F	Financial responsibility 경제적 책임감	자신의 수입에 맞는 규모 있는 경제생활
A	Alcohol abuse 지나친 음주	과도한 음주 여부
D	illegal dreg use / prescription drug abuse 불법 약물복용 / 조제약 남용	불법 약물 사용 및 조제약 남용 경험

【그림 4-1】 FBI 주요 검증 항목

상원인준에 앞서 후보자가 앞으로 맡을 직무와 후보자의 재산 상태를 검토하는 이익충돌 분석과 각종 윤리적 검토 보고서를 통한 검증 후에 모든 서류는 상원으로 가게 되는 것이다.

(3) 인사검증과 이익충돌

빌 리차드슨(Bill Rechardson) 뉴멕시코 주지사는 연방정부로부터 주채권을 매입한 기업과의 부적절한 관련성 여부를 조사받자, 상무부장관(Commerce Secretary) 후보직을 사퇴하고 있다.(2008. 1. 10) 이후 2명의 후보자가 추가로 낙마하여 60일 동안이나 장관직이 공석이었다(사진 출처: CNN).

고위 공직자의 인사 검증은 임명 후보자의 재산적 이익을 분석하면서부터 시작된다. 후보자에 대한 재산등록 및 공개제도는 공무원 재산등록 및 공개제도의 일반적 취지와 궤를 같이하고 있다. 후보자가 소유하고 있는 재산적 이익이 해당 공직을 수행할 수 없는 이익충돌을 야기할 수 있을 때 사전에 공직에 취임할 수 없도록 하거나 이익충돌(conflict) 재산을 제거하거나 신탁하도록 하는 것이다. 따라서 고위 공직 후보자에 대한 인사검증은 일반의 재산적 이익충돌 분석의 틀이 적용되며 앞으로 맡게 될 공공서비스에 대한 이익충돌의 발생이 공정한 업무수행을 어렵게 한다는 일반적 원리에 따른다.

그러나 미국에서 이러한 공직자 임명과정이 정착되기까지는 상당한 진통이 있었다. 대통령으로부터 공직 후보자로 지명을 받은 사람들에게 지명과 인준(nomination and confirmation)의 과정은 복잡하고 상원의 위원회, 정부윤리청 등의 재산 관련 중복된 자료요구는 공직 후보자들을 부담스럽게 하고 어려움을 가중시켰다. 공직 후보자들의 재산등록(the public financial disclosure)은 국민들이 공직자에게 정부활동의 공정한 업무처리를 기대하는 것에 부응하기 위해 후보자들의 재산적 이익을 이익충돌적 관점에서 확인을 받아야 한다는 점은 이제 이견이 없게 되었다.[90]

대통령이 상원의 인준이 요구된 지위의 고위 공무원을 지명하는 경우 법률에 의하여 재산등록을 요구하고 있다. 이러한 피지명자의 보고서(nominee report)는 상원의 인준 청문회에 앞서서 백악관(The White House Counsels Office), 피지명자가 근무할 기관, 정부윤리청(OGE)에 전달되며 피지명자의 개인적인 이익이 공익과 충돌(conflict)하고 있는지를 검토하게 된다. 따라서 정부윤리청은 피지명자의 재산등록 상황을 주의 깊게 분석하고, 잠재적인 이익충돌(potential conflicts)이 있는지, 적절한 이익충돌 회피조치들이 피지명자에 의하여 동의되었는지 검토된다. 즉, 기피협정(recusal agreements), 제거(divestitures), 사직(resignations), 허가(waivers) 그리고 적격의 신탁(qualified trust) 방법 등 이익충돌을 다루는 메커니즘의 적용 여부가 검토된다. 이 과정은 대통령의 지명을 받은 피지명자가 인준과정에서 정부윤리청과 윤리협정(ethics agreement)을 맺고 그 협정에 따르는 것이다. 이러한 협정에는 피지명자 자신은 물론 배우자 및 자녀들의 재정적 이익도 조사하게

---

90) United States Offices of Government Office, *OGE Recommendations on streamlining public financial disclosure and other aspects of the presidential appointments process*, Report April 5, 2001, p.3.

된다. 윤리협정은 상원의 인준을 받기 90일 이내에 이루어져야 하며 피지명자는 정부윤리청으로부터 문서에 의하여 인증을 받아야 한다.

상원의 동의를 받아야 하는 대통령 지명직은 지명 후 5일 이내에 재산등록 서류를 제출해야 한다. 재산공개 서류는 먼저 근무하게 될 해당 기관의 윤리담당 공무원에 의하여 심사되며 잠재적이거나 실질적인 이익충돌이 존재할 경우 다양한 예방대안들이 권고된다. 이것은 다시 정부윤리청의 심사 및 승인을 받아 적절한 상원 위원회에 회부된다.[91] 이 과정에서 정부윤리청은 대통령 지명자와 특정자산이 야기하는 이익충돌의 회피, 처분, 적격한 백지신탁 등에 대한 윤리협정(Ethics Agreement)을 체결한다.[92] 지명자를 심의하는 상원 위원회는 후보자에게 행정기관에서의 윤리협정과는 상관없이 매각, 백지신탁 등 후보자의 우호적인 조건으로서의 방법들을 요구한다. 이 조건들은 상원의 인준 투표 전에 이루어져야 한다.[93]

---

91) 5 U.S.C. app. § 101(b); 5 C.F.R. § 2634.602(a), (c)(1)(ⅵ), 2634.1001
92) 5 C.F.R. § 2634.605(c)(2)(ⅲ)(B)
93) Riddick's Senate Procedure, S.Doc. 101-28, at 940, 1992.

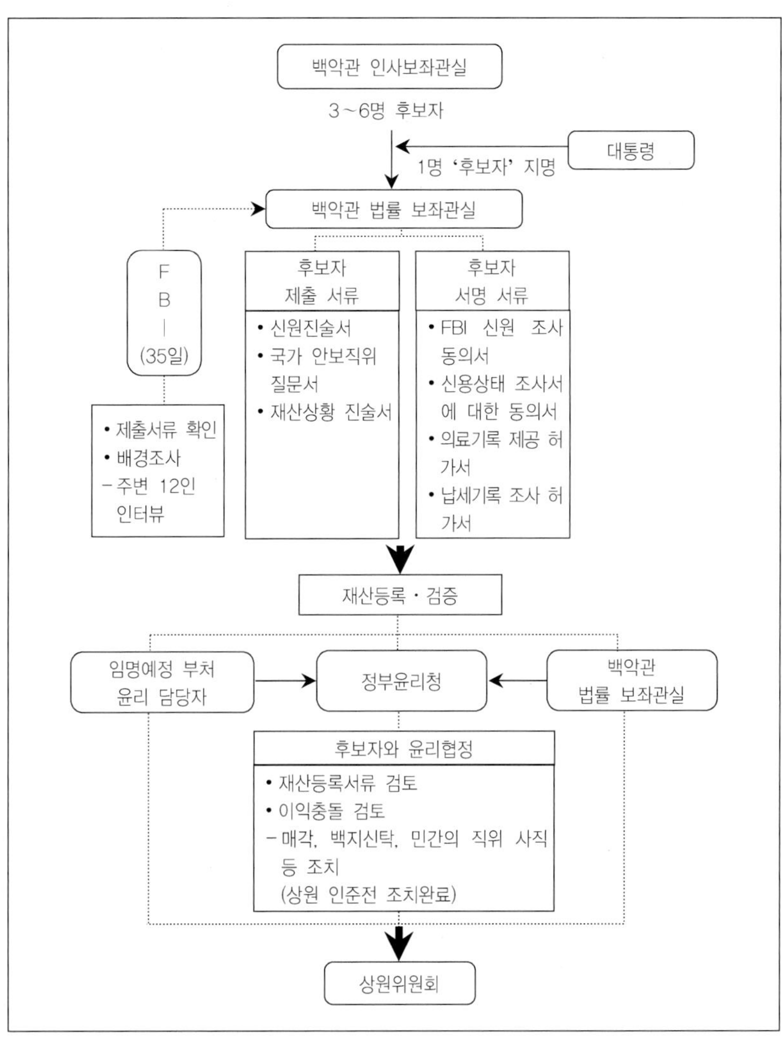

【그림 4-2】 미국 인사검증 흐름도

4. 백지신탁 제도(Blind Trust)

백지위임신탁은 일반적인 신탁의 개념을 사용하여 공무원이 자신의 자산을 신탁하고 신탁된 자산이 어떤 방향으로 처리되는지, 어떻게 통제되는지 알지 못하게 하여 신탁자산의 관리에 대한 모든 권한을 신탁인에게 일임하게 되는 것이다. 더구나, 신탁자산에 대한 정보는 수탁자로부터 순소득 또는 신탁의 상실 및 세금 환급을 위해 필요한 자료 등 법에 요구된 것을 제외하고 어떤 정보도 수탁자인 공무원에게 절대 제공되지 않는다. 이론적으로 백지위임신탁은 이익충돌을 회피하기 위해 정당한 권한을 타인에게 넘겨주거나 영구적으로 이익을 박탈(divestment)할 필요 없이 제기된 이익충돌을 예방하는 대안으로 채택되었다.

백지신탁은 신탁된 자산이 다른 형태의 것으로 매각되어 교체되거나, 신탁자산이 포트폴리오방식으로 분산 투자된 경우, 공무원이 자신의 자산에 대한 정보를 알지 못하기 때문에 자신이 소유한 사적 이익을 위해 공적 권한을 이용할 수 없게 되고 자연히 이익충돌(Conflict of Interest)의 적용을 받지 않는 것이다. 다시 말해 공무원은 자신의 재산 형성 상태를 모르기 때문에 재산이 공무원의 의사결정에 부정적 영향을 미치지 못하게 되며 잠재적인 이익충돌(potential Conflict of Interest)을 피하게 되는 것이다.

(1) 연 혁

백지신탁의 기본정신은 영국의 보통법(common law)에서 유래한다. 신탁은 수탁자(trustee)와 신탁자(beneficiary) 사이의 소유를 분리하는 것이 핵심이다. 신탁자가 수익을 얻을 수 있도록 법적 소유(legal ownership)와 신탁수익의 소유(beneficial ownership)를 분리하여 관리한다. 백지신탁 아래서 법적 소유를 가진 수탁자는 수익적 소유(미래의 소유)를 가진다고 말할 수 없다.

영국의 보통법(common law)은 '사용(use)'이라는 메커니즘을 사용하여 법적으로 소유하지 않아도 재산을 사용할 수 있도록 허용하였다. 백지신탁은 이러한 '사용'이라는 개념의 최근 이용이지만 정반대의 목적으로 이용된다. 수탁자는 재산을 소유하지만 그것을 통제하지는 않는다.

미국에서 일반적으로 Lyndon B. Johnson 대통령이 백지신탁을 최초로 실시한 공무원으로 인정된다. Johnson 대통령은 1963년 취임 시 대통령 가족의 재산적 소유의 기반을 이룬 텍사스 KTBC 방송국 소유를 걱정하고 있었으며 참모진들은 대통령에게 방송국을 매각할 것을 촉구하였다. 대통령과 Bird Johnson 영부인은 공동으로 1943년 KTBC을 사서 운영하고 있었으므로 방송국에 대한 애정은 각별하였고 재정적으로도 매각하기는 어려웠다.

이 문제는 Sheldon Cohen에 의해 해결의 실마리를 갖게 되었다. Kennedy 행정부 아래서 Cohen은 라틴아메리카의 기업이익을 소유한 국무부장관을 포함하여 몇 명의 장관들을 위한 백지신탁을 최초로 만들어 적용하였던 인물이다. Cohen은 자산을 소유한 상태에서 언제라도 신탁수단을 취소할 수 있는 표준적인 수여자 신탁(standard grantor trust)을 바탕으로 백지신탁을 창안하였다.

1964년 Johnson 대통령은 Cohen을 국세청장에 임명하여 KTCB 방송국의 지분을 오랫동안 가족의 친구였던 텍사스의 두 명의 변호사에게 법률적으로 완벽하지 않았지만 주식에 대한 팔 권리의 완전한 재량을 주었다. 그들은 Johnson 대통령의 비과세 시채권과 텍사스의 가족목장을 직접 관리하였다.[94]

Lyndon Johnson 대통령의 전무후무했던 이러한 조치들은 이후 성공적으로 받아들여졌다. 그러나 그것이 제도화된 것은 1978년 정부윤리법[95]의 제정이었으며, 백지신탁제도가 공식적으로 잠재적인 이익충돌(potential conflict of interest)을 방지하는 제도로 도입되었다. 1978년 이전에 백지신탁은 이익충돌의 혐의를 받는 공무원들이 스스로 신뢰와 청렴성을 확보하기 위해 자발적인 개인적 의사결정에 의해 이루어졌으며, 대통령 임명 예정자의 상원 인사청문시 상원에서 요구하는 경우에 사용되었다. 이러한 백지신탁은 공무원의 사적 재산이 야기할 수 있는 이익충돌 회피메커니즘 회피, 자격박탈 등의 방법으로 예방하기 어려운 경우 사용되었다. 따라서 자격박탈의 규정이 적용되지 않는 직위인 대통령, 부통령, 의원 등에 적용된다.

지난 부시행정부의 체니(Dick Cheney)부통령, 럼스펠드(Donald Rumsfeld) 국방부장관 소유의 많은 주식, 옵션, 자산은 백지신탁덕

---

94) Len Costa, "*A new scandal exposes the problem with blind trusts.*"(Worth and Fortune, Jan. 2006). 1997년 말까지 연방정부에서 19명이 적격의 신탁제도를 이용.

95) section 102(f)(3)(4) of The Ethics in Government Act of 1978 AND 5 C.F.R. Part 2634(D).

분에 재산적인 문제로 정부의 중요정책결정이 영향을 받는다는
오해는 일어나지 않았다고 밝히고 있다.

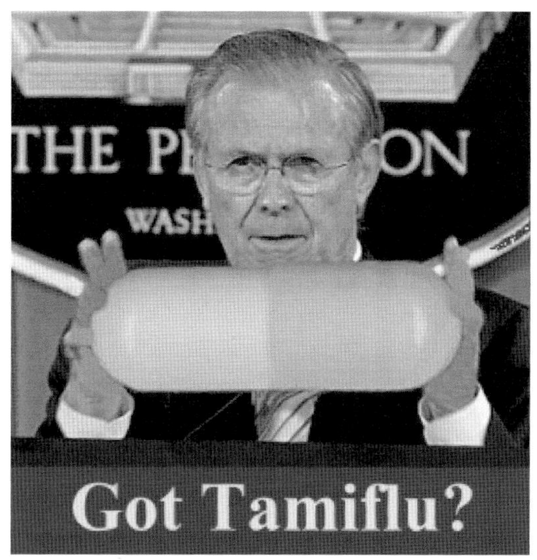

부시행정부 당시 럼스펠드 국방부장관은 **Tamiflu** 제조사인 **Gilead Sciences**의 주식 8
백만 달러를 소유하고 있었으며 백지신탁하고 있었다(출처: **google.com**).

(2) 기본 원리

백지신탁의 기본정신은 영국의 보통법(common law)에서 유래한
다. 신탁은 수탁자(trustee)와 신탁자(beneficiary) 사이의 소유를 분리
하는 것이 핵심이다. 신탁자가 수익을 얻을 수 있도록 법적 소유
(legal ownership)와 신탁수익의 소유(beneficial ownership)를 분리하
여 관리한다. 백지신탁 아래서 법적 소유를 가진 수탁자는 수익적

소유(미래의 소유)를 가진다고 말할 수 없다.

영국의 보통법(common law)은 '사용(use)'이라는 메커니즘을 사용하여 법적으로 소유하지 않아도 재산을 사용할 수 있도록 허용하였다. 백지신탁은 이러한 '사용'이라는 개념의 최근 이용이지만 정반대의 목적으로 이용된다. 수탁자는 재산을 소유하지만 그것을 통제하지는 않는다.

백지신탁은 공무원이 자신의 재산에 대한 개인적 포트폴리오의 내용을 모른다면 그의 사적 이익은 공적 업무와 타협하지 않을 것이라는 전제에서 논의된다. 공무원이 이익충돌을 야기할 수 있는 모든 자산을 청산하도록 강요하는 것은 재정적 부담을 지우는 것인 동시에 공직에 대한 열의를 반감시킬 수 있다. 공무원이 소유한 재정적인 자산의 운영성과에 영향을 미칠 수 있는 공적 업무로부터 스스로 공식적으로 기피(recuse)하는 것만으로는 언제나 이익충돌이 방지되는 것은 아니다. 백지신탁 아래서 공무원은 공무원과 투자자로서의 이중이익(dual interest) 사이의 잠재적인 충돌 여지가 있을 때 자산에 대한 일시적인 관리를 맡길 수 있다. 공무원은 전형적으로 변호사, 은행 등 독립된 피신탁자에게 자신의 책임을 맡기고 그 자산에 대해 완전한 재량을 행사할 수 있도록 한다. 그러나 자산을 신탁한 공무원은 백지신탁으로 생긴 총시장가치와 순소득, 상실과 같이 가장 기본적인 정보만을 알 자격이 있다. 따라서 신탁과 관련된 대부분의 거래는 공무원의 동의 또는 지식 없이 이루어진다.

신탁자인 공무원과 수탁자 상호 간에 백지신탁에 동의하더라도 제한된 공개, 충분한 남용의 여지, 법의 승인 등의 제도가 적절하다고 볼 수는 없다. 그럼에도 불구하고 많은 법률전문가와 제도옹호론자들은 아직도 백지신탁을 이익충돌에 대한 효율적인 방어수단으로 보고 있다.

(3) 신탁의 유형

① 적격의 백지신탁(Qualified blind trust)

이익충돌을 다루는 방식 중 자산 매각 방식은 공직 수행에 영향을 미치는 공무원 소유의 자산을 전부 매각함으로써 이익충돌(conflict of interest)의 요인을 사전에 제거할 수 있다. 그러나 이익충돌을 야기할 수 있는 모든 자산을 청산하도록 강요하는 것은 공무원에게 재정적 부담을 지우는 동시에 공직에 대한 열의를 반감시킬 수 있다. 따라서 이와 같은 한계를 극복하기 위해 자연적으로 이용되었던 제도가 바로 백지신탁제도이다.

전술한 바와 같이 정부윤리법에 규정되기 전에도 일반적인 백지 또는 분산투자신탁의 사용은 잠재적인 이익충돌(the potential for conflict of interests)을 줄이는 것으로 이용되었다. 만일, 공무원이 자신의 재산 범위, 특성 그리고 정확한 내역을 모른다면 자신이 수행하는 공적 업무(official duties)에 영향을 미칠 수 없다. 어떠한 상황 아래에서도 공무원의 공식적 행동은 실제적이고 명백한 이익충돌을 야기해서는 안 된다. 백지신탁의 가장 중요한 목적은 신탁된 자산에 대한 정보를 공무원이 전혀 알지 못해야 하는 것이다.

1978년 정부윤리법은 공무원의 특별한 재산 공개제도로서 두 가지 신탁제도(Qualified trust)를 도입하였다. 공무원이 자신의 재산을 신탁하는 것은 공식적 직무(official responsibility)와 소유 재산 사이에 실제적이고 명백한 이익충돌을 야기하고 있을 때 이것을 줄이기 위한 것이다. 신탁재산의 수혜자(interested party)는 정부의 인증을 위해 신고 소득으로 이익을 얻게 되는 공무원, 배우자, 미성년자인 자녀, 그리고 이들을 대표하는 대리인(representatives)이다.

신탁은 적격한 백지신탁(Qualified Blind Trust)과 적격한 분산신탁(Qualified Investment Trust)으로 분류된다.

적격한 백지신탁 방식은 가장 일반적인 방식이며 신탁자인 공무원의 재산을 수탁자가 맡아서 신탁자의 부인, 자녀, 대리인 등 어떤 이해 관계자의 개입 없이 신탁 재산을 관리하는 모든 권한을 독립적으로 행사한다. 백지신탁의 관건은 신탁자와 수탁자 간에 재산 운용에 관한 정보를 주고받지 못하도록 하는 것이며, 연방윤리청과 상원 및 하원윤리위원회에서 수탁기관의 독립성이 인증(Certified)되어야만 적격의 신탁이 되는 것이다.

예컨대 신탁자는 금융기관, 변호사, 회계사, 증권선물법상의 중개인, 투자 전문가 등을 수탁자로 지정할 수 있으며 연방윤리청은 신탁자, 신탁자의 배우자 및 자녀들과 수탁자와 사전의 관계를 조사하여 독립성(Independence)을 유지할 수 있는지를 심사한다. 어떠한 수혜자도 신탁자산을 알 수 없어서 신탁자산의 내용을 모를 때에만 백지(blind)로 여겨진다. 그러나 신탁을 하였다고 완전히 이익충돌의 영역에서 벗어나는 것은 아니다. 왜냐하면 신탁자산의 수혜자는 신탁을 하였음에도 여전히 자신의 자산에 대한 지식을 갖고 있기 때문이다. 이 점은 신탁자산이 매각되거나 1,000달러 미만으로 되어 신탁인에게 통지될 때까지 자연적으로 이익충돌법 규정을 적용받는 것을 의미한다. 만일 피신탁인(trustee)이 신탁자산을 팔거나, 그 자산의 가치가 1,000달러 미만이라면, 그리고 새로운 신탁지분을 갖기 위해 신탁자산의 잉여소득을 이용하거나 신탁자산을 다른 데 재투자하는 경우, 새로운 소유에 대해서는 어떠한 정보도 갖고 있지 않기 때문에 그때서야 백지신탁(blind trust) 상태에 놓여 있게 된다.

일반적으로 주요한 적격 백지신탁(Qualified trust)의 조건을 보면 아래와 같다.96)

- 수탁 공무원은 신탁 수단 및 수탁인의 적정성을 연방윤리청, 상원윤리위원회, 하원윤리위원회의 심사·승인을 받아야 한다.
- 백지신탁은 신탁자가 자신의 자산 상황에 대해 전혀 모르기 때문에 신탁재산에 대해 상세한 재산등록을 할 수 없게 되고 그러한 사적 재산은 이익충돌이 없는 것으로 인정된다.
- 신탁자와 수탁자 간의 의사소통은 금지되며, 수탁자는 자산을 완전히 매각하거나 자산의 가치가 총 1,000$ 미만이 되면 이익충돌 가능성이 없는 것으로 보아 신탁자에게 통지할 수 있다.
- 수탁자는 수탁된 자산을 처분이나 매각을 자유롭게 할 수 있다. 신탁기간 동안 신탁자와 그 배우자, 자녀 등 이익집단은 신탁재산을 저당, 담보 지울 수 없다.
- 신탁자의 세금신고 및 환급을 위해 순소득의 상실, 수입은 수

---

96) United States Offices of Government Office, *Certification of Independence of trustee of Qualified Blind Trust.*

탁자로부터 보고받는다. 그러나 그러한 정보가 일반대중이나 이익집단에 공개되어서는 안 된다. 또한, 소득의 원천 자산에 대해 신탁자에게 어떠한 정보를 주어서는 안 된다.

- 법무부장관은 신탁자와 수탁자 간에 의사소통이나 법규위반에 대해 민사적 제재를 가할 수 있는 권한을 부여받았다.

② 적격한 분산 투자신탁(qualified investment Trust)

공직자 윤리법에 규정된 신탁의 또 다른 유형은 분산 투자신탁(Qualified diversified trust)을 들 수 있다. 주식시장에 광범위하게 분산된 포트폴리오를 구성하고 주식 중 공무원의 공적 업무와 실제적으로 관련된 것이 없을 때를 말한다. 분산(diversified)이란 자산의 포트폴리오를 다양하게 구성하여 실질적인 영향을 미치지 못하도록 하는 신탁이다. 자산의 20% 이상이 지리적, 특정 기업 등 기타로 구성되지 않도록 하며, 총재산가치의 5% 이상이 특정 기업의 유가증권으로 구성되지 않도록 한다. 분산신탁의 기본 논리는 신탁자인 공무원이 맡은 공적 직무를 통해 자신의 자산에 영향을 미치지 못하도록 쉽게 시장화할 수 있는 분산된 포트폴리오 형태의 유가증권으로 구성되도록 한 것이다. 이러한 신탁자산은 서로 다른 경제 영역에서 발행되는 것이며 어떠한 한 분야에 특정되지 않도록 포트폴리오을 구성한다. 공무원의 행동은 자신의 이익을 얻기 위해 공적 행동을 취하기 어렵기 때문이다. 최소한 광범위한 분산신탁은 실제 백지신탁과 동일한 효과가 있으므로 공무원의 신탁자산은 이익충돌법이 적용되지 않는다.

신탁에 있어서 가장 중요한 것은 신탁자와 배우자 및 자녀 등 이해관계자와 독립적이어야 한다는 것이다. 다시 말해, 백지신탁을 통해 얻고자 하는 가장 중요한 목적은 신탁자인 공무원이 자신의 자산에 대한 지식을 전혀 갖지 못하게 하는 것이다. 따라서 신탁 수혜자와 피신탁인 사이에는 공직자 윤리법의 정해진 범위 내에서 한정된 경우에 한해서만 신탁재사의 지식을 알게 된다. 일단 연방윤리청의 신탁승인을 받으면 피신탁인은 자산에 대해 직접적인 언급을 할 수 없으며 독자적으로 관리한다. 즉 법은 신탁자산에 대한 정보를 포함해 얼마큼 이득이 나는지에 대한 추가정보를 직·간접적으로 또는 능동적·수동적으로 얻는 것을 금지한다. 신탁인과 피수탁인과의 의사소통은 오직 문서에 의해서만 이루어지며 법에 따라 연방윤리청의 사전 승인을 얻어야 한다. 신탁재산의 실체적인 분리를 유지하기 위해서는 세금의 부과 문제를 고려해야 한다. 만일 신탁재산에 대한 세금을 수혜자에게 부과한다면 자산에 대한 정보를 주는 결과를 초래할 수도 있기 때문에 세금 납부는 신탁인과 분리되어 특별한 세금 부과 절차(schedule K - 1 form)를 따른다.

분산투자 신탁에서 요구하는 조건들은 백지신탁에서 요구하는 조건들과 유사하게 구성되어 있다.[97]

- 수탁 공무원은 신탁 수단 및 수탁인의 적정성을 연방윤리청, 상원윤리위원회, 하원윤리위원회의 심사·승인을 받아야 한다.
- 신탁자가 모르는 상황에서 수탁자는 재량으로 자산을 이전하거나 처분한다.

---

97) United States Offices of Government Ethics, *Model Qualified Diversified Trust provisions.*

- 신탁자산의 자산구성은 시장성이 폭넓게 분산된 포트폴리오로 구성된다.
- 신탁기간 동안 신탁자와 그 배우자, 자녀 등 이익집단은 신탁재산을 저당, 담보할 수 없다.

5. 재산등록 및 공개제도

(1) 연 혁

국민들은 고위 공무원들의 재산을 더 많이 알면 알수록 그들이 자신의 권한을 부적절하게 사용할 가능성이 적다고 믿고 있다. 미국 연방윤리청은 공직자 재산등록 및 공개의 목적이 정부의 대국민신뢰를 증가시키고, 공무원의 청렴수준이 높음을 나타내고 있음을 지적하고 있다. 오늘날 연방법과 각 주 법은 고위 공무원이 매년 재산등록을 신고하도록 의무화하고 있다.

재산등록 및 공개제도는 공직자가 공익 증진을 위한 책임과 권한을 행사함에 있어 재산 관련 이익충돌(conflicts of interest) 여지가 있는가를 확인하고 공개하는 절차이다. 이 제도는 공직자가 자신의 직무나 권한을 이용하여 뇌물을 받은 것은 물론 직무상의 비공개 정보를 이용한 부정한 재산의 증식을 미연에 방지하는 제도이다. 따라서 재산에 대한 사후적인 확인이 아니라 공무원의 이익충돌 여지가 있는 활동을 하여 부적절한 결과를 야기할지도 모르는 행동을 하지 못하도록 하는 예방적 장치이다.

이러한 재산등록제도는 1950년대 초부터 정부 개혁가들에 의하여 주장되어 왔으며 1970년 Watergate 스캔들로 인해 충분한 국민적 지지를 얻게 되어 실현된 것이다. 물론 입법 당시 공무원의 프라이버시를 지나치게 침해한다는 지적도 있었지만 고위 공직자들이 자신의 지위를 이용해 자신이나 가족, 친구, 동업자들의 사적인 이익을 갖도록 해서는 안 된다는 취지에 따라 당연히 받아들여진 제도이다.

1978년 정부윤리법(Ethics in Government Act of 1978)은 행정부, 입법부, 사법부의 고위 공무원들은 자신의 자산과 직계가족 구성원(immediate family members)들의 자산을 신고하도록 하고 있으며, 공무원의 직계가족(immediate family)의 구성원들은 공무원 자신과 마찬가지로 언제든지 투명성 차원에서 조사에 따르도록 되어 있다. 그러나 이러한 제도의 형성은 사회적 요구와 공직자들의 재산공개 요구의 합헌성을 둘러싼 많은 소송들에 의해 자리 잡혔다.

또한 연방윤리청은 공직에 취업하고자 하는 사람이 공직에서 맡게 될 공정한 업무집행을 어렵게 하는 재산을 가졌다면 공직에 취임할 수 없도록 하고 있으며, 공무원이 보수 이외에 외부활동을 통해 벌어들인 재산이 있다면 이것을 재정적인 이익의 관점에서 공무원의 공적인 활동에 영향을 미쳤는지를 판단하고 있다.[98]

앞서 언급한 바와 같이 공직자 재산등록 및 공개제도의 근본적인 취지는 공무원들의 공정성(impartiality)을 보증하기 위해서 실시된다고 해도 과언이 아니다. 따라서 언론에서 사용되는 공무원의 재산규모나 순수한 가치를 측정하는 방법은 아니며 그러한 방법은 바람직한 것으로 보지 않는다.

이러한 재산공개 흐름은 각국의 재산등록 및 공개제도에 반영되

---

98) United States Offices of Government Office, *OGE Recommendations on streamlining public financial disclosure and other aspects of the presidential appointments process*, Report April 5, 2001, p.2.

고 있으며 공직자들이 점점 더 자신의 프라이버시에 관해 많은 것을 공개하도록 강요하는 추세를 만들고 있다.

(2) 대상 및 신고 범위

재산신고제도는 어떤 공직자를 대상으로 하며 어떠한 재산을 어느 범위까지 신고하도록 해야 할 것인가, 또한 공개할 경우는 어느 범위까지 할 것인가, 위반 시 처벌을 또 어떻게 할 것인가, 그리고 불가피한 예외적 사항은 어떻게 고려할 것인가 등을 주요 내용으로 한다.

재산신고 대상자는 국가의 정책 결정에 영향을 미치는 사람이나 개인적 또는 실질적으로 재산상의 이익에 영향을 주는 결정에 참여하는 공직자를 대상으로 한다. 따라서 그 범위 결정은 대체로 보수나 등급 기준이 사용된다.

또한 배우자나 자녀도 그 대상이 되어야 하는데 이들을 포함시켜야 하는 이유는 정부 공직자가 공개에 민감한 이슈가 될 재산을 사전에 배우자, 자녀에게 줌으로써 재산등록제도를 우회하는 것을 막기 위한 것이다. 그러나 이 문제는 여전히 범위에 대한 논란이 제기된다. 공직자의 재산공개로 인해 배우자까지 공개될 경우 배우자의 직업을 그만두게 하거나 부부관계를 악화시킬 우려도 있다는 것이다. 따라서 정부는 공직자의 가족생활, 결혼의 안전성 등도 아울러 고려해야 한다.

공직자 재산등록을 위해서 신고 재산의 범위를 어디까지로 할 것인가의 문제이다. 그 결정기준은 공직자의 재산관리 활동이 직무 관련 활동(job related activities), 즉 어느 정도로 직무상 책임이나 의무와 관련되어 있는가의 여부이다. 그러나 직무와 재산의 연관성을 파악한다는 것은 현실적으로 많은 어려움이 따른다. 따라서 공익과 관련된 재산의 범위를 국민들로부터 의심의 여지가 있을 때는 모두 신고하게 하는 것이다. 왜냐하면 이 제도는 국민신뢰를 확보하는 장치이기 때문이다.

재산공개 대상의 범위는 경력직 공직자를 원칙으로 한다. 미 연방정부 정부윤리법(Ethics in Government Act of 1978)은 직급을 기준으로, GS 16 및 그 이상으로 하였다. 미국에서 고위 공직자는 GS 16-18 등급의 국장급 관리·감독·정책을 담당하는 공직자로서, 연방정부의 최고위층에서 국가정책을 결정한다. 즉 누가 정책에 영향을 주는 사람들인가를 기준으로, 정책에 영향을 미치는 사람들을 대상으로 정한 것이다.

이러한 공개제도에는 부작용이 따르므로 불가피한 사유가 있을 때에는 심의위원회 등 제3의 입장에서 중립적으로 비공개를 예외적으로 허용할 수 있도록 하여 국민들의 의혹을 해소하고자 한다.

마지막으로 신고 재산에 대한 심사는 어디까지 하여야 하며, 위반행위가 나왔을 때는 어떠한 처벌로 제도의 실효성을 담보할 것인지의 문제가 제기된다. 즉 신고재산에 대한 심사과정이 없거나 심사가 적절히 작동되지 않는다면 이런 윤리정책들은 형식적으로 운영되고 제도가 그 의도대로 결실을 거둘 수 없게 된다. 공직자가 신고한 모든 재산 목록을 철저히 확인하는 검증과정을 거쳐야 하지만 현실적으로 가능하지도 않고 바람직하지 않은 면이 있다. 따라서 신고재산 중 일정한 항목만을 심사하거나 신고대상자 중 일부를 무작위로 선정하여 심사하는 방안도 고려해 볼 수 있다.

(3) 내 용

연방 공무원 28만 명이 매년 5월 15일까지 자신의 소속기관에 신고서(Confidential personal financial disclosure form: OGE - 450)를 제출하며 연방윤리청에 재산등록을 보고한다.

OGE - 450을 보면 자산과 소득(assets and income), 부채(liability), 외부지위(outside position), 미래고용 협의(arrangement), 선물과 여행(gifts and travel)의 5개 부문으로 구성되었다.

자산은 공무원과 그 배우자 및 미성년자인 자녀가 1,000$ 이상의 가치를 가진 경우 신고하며 소득은 200$ 이상인 소득의 원천은 신고하며 배우자는 1,000$ 이상인 경우만 신고한다. 또한, 부채는 공무원과 그 배우자 및 미성년자인 자녀가 10,000$이상의 부채가 발생할 때 신고한다. 그러나 신고사항 중 정부보수, 사회보장수입, 거주하고 있는 주택의 모기지론, 차 할부금 등 명확한 항목들에 대해서는 신고 항목에서 제외하고 있어 신고자의 편리를 최대한 도모하고 있다. 공무원은 기업, 비영리법인, 노조, 교육기관 등 정부 밖의 모든 외부지위는 신고하도록 하고 있다. 또한 공무원은 퇴직 후 고용을 위해 타협(arrangements)하거나, 공직 취임 전 고용주로부터 계속된 지급(payment)을 받거나 전 고용주가 운영하는 재정적 혜택에 참여하고 있을 때 신고하도록 하고 있다. 공무원과 그 배우

자 및 미성년자인 자녀는 여행경비 또는 선물을 285$ 이상을 지원
받았을 때 신고해야 하며, 배우자 또는 그 자녀가 독립적으로 생계
를 유지할 때에는 제외된다.

또한 대통령을 비롯하여 GS-15등급 이상의 급여를 받은 연방공
무원과 연방판사 등 2만8천여 명의 고위 공무원은 외부 이익과 활
동(outside interests and activities)이 이익충돌법(conflict of interest
law)과 행동강령(standards of conduct regulations)의 위반 여부를 중
점적으로 검토하는 데 주안점을 두고 있다. 이것은 고위 공무원의
대다수가 민간에서 채용되는 공직체계의 특수성을 반영한 것이며 일
반 공무원과 다른 양식(Public Financial Disclosure: SF-278)을 사용
한다.

자산(assets), 소득(income), 부채(liability) 및 거래(transaction)의 신
고사항을 금액범위별 표시제를 사용하고 있으며 구체적 액수의 표
시는 선물과 여행경비에만 한정된다. 외부지위와 퇴직 후 구직을
위한 타협 및 동업자 등으로부터 $5,000 이상의 보상을 받을 경우
사업자 단체명을 구체적으로 명기하도록 되어 있다. 이 중에서 거
래(transaction) 항목은 1,000$이 넘는 부동산, 주식, 채권, 미래 상
품은 신고해야 한다. 이익충돌을 피하기 위해 연방윤리청(OGE)으
로부터 매각증서(Certificate of divestiture)를 받은 경우 등록에서 제
외된다.

공개든 비공개든 모든 신고는 신고 공무원과 윤리 담당 공무원
사이의 상담과정이 첫 번째 단계이다. 이러한 상담 과정에서 자산의
상황, 다른 단체의 구성원 및 이익충돌(potential conflict of interest)
의 가능성을 확인한다. 등록된 재산을 통해 공무원의 증가된 자산

이 자신의 공적 지위를 이용하여 획득한 것인지, 공무원이 맡고 있는 정책적 판단에서 영향을 미칠 수 있는 소득원을 가지고 있는지를 검토하고 등록자에게 법률준수에 필요한 백지신탁, 매각, 전직 등 적절한 조치들을 이행할 것을 요구한다.

신고된 재산등록 정보가 잘못되었을 경우, 각 소속기관에서는 행정적 제재조치를 취하며, 의도적으로 잘못된 정보를 신고한 경우는 형사처벌이 된다.

【표 4-1】 연방공무원 재산등록 현황

년 도	SF-278 공개(Public)	OGE-450 비공개(Confidential)
1995	21,019	262,138
1996	21,509	272,925
1997	21,205	264,241
1998	20,516	262,987
1999	20,892	259,209
2000	20,975	251,326
2009	25,400	285,000

※ 출처: 미국 연방윤리청

<u>(Confidential financial disclosure)</u>

Ⅰ. 자산과 소득편(Assets & Income)

1. 자산(Assets)
   ○ 공무원, 그 배우자 및 미성년자인 자녀는 1년 동안 200$ 이상의 소득 또는 1,000$ 이상 가치를 가진 자산을 가질 경우 신고한다.
2. 보수와 소득(Salary and Earned Income)
   ○ 공무원은 200$ 이상 소득과 보수의 원천(sources)을 신고한다.
   ○ 배우자는 소득이 1,000$ 이상일 때만 소득의 원천을 신고한다.
     또한 선물이나 향응 등이 200$ 이상일 때만 신고한다.
※ 소득의 예: ① 투자소득: 배당, 이자, 자본소득, ② 기타소득: 급료, 퇴직혜택, 수수료

Ⅱ. 부채편(Liabilities)

○ 공무원, 배우자 및 미성년자인 자녀가 1만 불 이상의 부채가 발생할 때, 신고한다.
○ 그러나 광범위한 신고 예외 인정 △ 거주하고 있는 주택의 모지기론, △ 배우자 또는 부모·형제에게 빚진 경우, △ 자동차, 가구, 전자제품 구매에 대한 부채, △1만 불을 초과하지 않는 부채계좌

Ⅲ. 외부 지위편(Outside Positions)

○ 보수의 지급 여부와 관계없이 미국 정부 밖의 모든 지위는 신고되어야 한다.
   − 교육기관, 노조, 비영리 기구 및 기업 Partner, 신탁 등의 이사, 대표이사, 컨설턴트 등의 지위는 보고해야 한다.
○ 종교적, 사회·정치적 단체의 지위나 배우자·자녀들에 의해 얻게 된 지위는 신고에서 제외

Ⅳ. 타협편(Agreements or Arrangements)

1. 공무원은 현재 또는 미래의 고용문제에 대해 타협하거나 합의한 경우.
2. 연방정부를 제외하고, 공직 취임 전의 고용주로부터 계속해서 받는 대가
3. 연방정부를 제외한 전 고용주로부터 받는 직원연금 및 혜택에 계속해서 참여하는 것들은 보고한다. 다만, 배우자 또는 미성년자인 자녀의 고용 협의 등은 신고에서 제외된다.

Ⅴ. 선물과 여행편(Gift and Travel Reimbursement)

1. 공무원, 그 배우자 및 미성년자인 자녀는 한 곳(one source)으로부터 285$ 이상의 여행경비를 지원받았을 때 신고한다.
2. 선물의 가치가 285$ 이상일 때 신고한다. 그러나 △ 공무출장, △ 개인적 친분으로 숙식 등을 제공받은 때, △ 배우자나 자녀가 독립적으로 제공받은 때는 신고에서 제외된다.

【그림 4-3】 일반 공무원 재산등록 양식(OGE Form 450)

Schedule A	자산의 평가 (Valuation Assets)	Block B	$ 0005~15,000	
			$ 15,000~50,000	
			:	
			over 1,000,000	
	소 득 (Income)	Block C	$ 201~1,000	
			$ 1,001~2,500	
			:	
			over 5,000,000	
Schedule B	거 래 (Transation)	거래의 이동	$ 1,001~15,000	
			$ 15,000~50,000	
			:	
			over 50,000,000	
	선물, 여행경비 지원	출처, 정확한 금액 표시		
Schedule C	부채 (Liability)	채권자 및 채무종류	$ 10,001~15,000	
			$ 15,001~50,000	
			:	
			over 50,000,000	
	전 고용주로부터 보상 및 퇴직 후 취업 협의 사항			
Schedule D	외부직위	기관 및 지위		
	5,000$ 이상 지원	출처와 금액		

【그림 4-4】 연방고위 공무원 재산등록 양식(SF 278)

6. 행동강령

— Code of Conduct —

(1) 연 혁

미국 정부의 윤리강령은 실로 오랜 역사를 가지고 있다. 1830년대 Amos Kendall[99]이 연방우체국장으로 재직하는 동안 우편배달 직원의 엄격한 윤리강령을 제정한 것이 최초의 정부윤리강령으로 불린다.[100] Kendall의 윤리강령은 정부자산의 이용, 공적 직무의 수행, 일의 관행 그리고 개인적인 일처리 등에 대한 목록을 마련하는 것이었다. 1883년 Pendleton법이 제정됨에 따라 대통령과 의회는 연방 공무원의 윤리강령을 만들기 위해 Kendall의 윤리강령을 연방 정부차원으로 격상시켰다. 의회는 윤리강령에 연방공무원이 정치후보자나 정당을 평가하지 못하도록 하는 규정을 반영하였다. 1949년과 1960년 사이에 일어난 투르먼 행정부, 아이젠하워 행정부의 윤리적 논란은 연방윤리법과 규정이 현실과 괴리가 있음을 드러냈다. 1958년 의회는 연방공무원 윤리규정(Code of Ethics for Government)을 채택하였으나 규정 위반 시 어떤 벌칙을 부과할지에 대해서는 결론을 내리지 못했다. 이에 따라 모든 공무원은 정부 업무의 공정

---

99) Amos Kendall은 1829년부터 1840까지 미연방 우체국장(postmaster general)을 역임했다.
100) Roberts Robert north, *Ethics in U.S. Governme*(Greenwood Press), p.70.

성과 객관성에 의문이 제기되는 어떠한 행동도 행할 수 없도록 하였다.

1961년 케네디 대통령은 연방 정부의 광범위한 윤리프로그램을 만들었고 이 강령에는 대통령이 지명한 고위 공직자의 행동강령 및 선물과 비공개 정보의 이용을 포함한 수많은 이익충돌 주제들이 다루어졌다(Executive order 10939). 1965년 존슨 대통령은 연방정부 고위 공무원이 매년 재산등록을 행하도록 하였다(Executive order 1222).

1992년 연방윤리청은 연방공무원 윤리행위 기준(5 C.F.R. Part 2653)에 외부로부터의 선물, 공무원 간의 선물, 재정적 이익충돌, 공정한 업무 수행, 다른 직업의 추구, 비공개 정보의 이용, 외부 활동 등 7개 영역을 포함하여 세부적으로 규정한 종합적인 윤리규정을 마련하였다.

(2) 외부로부터의 선물(Gifts from outside sources)

일상생활과 마찬가지로 공적인 삶(public life)에서도 개인적인 접촉으로 빈번히 선물교환과 접대 등을 통해서 서로의 뜻을 전달하게 된다. 그러나 공적 생활에서 잠재적 행정수요자와 공무원이 관련될 경우 이는 더 큰 의미를 가진 문제로 볼 수 있다.

문제가 되는 것은 그것이 적절한 선물인가, 그리고 보다 직설적으로 표현하면 뇌물로 취급되어야 할 것인가에 대한 의문이 즉각 대두되는 것이다. 공무원은 공적 업무수행에 영향을 받는 선물을 받을 수 없으며 선물제공을 유도하거나 강요할 수도 없다. 이것은 공무원이 그 공직(public office)을 이용하여 사익(private gain)을 얻어서는 안 된다는 일반적인 청렴기준에 따른 것이다.

미국 의회는 공직은 국민이 신탁한 것이므로 의회의 구성원은 국민과 선거구민의 이익을 대변해야 하며 공정한 판단을 방해할지도 모르는 다른 사람으로부터의 선물과 향응을 받아서는 안 된다고 보고 있다.[101] 특히 선물은 자연적으로 감사의 마음을 갖게 되고 준 사람에게 우호적인 대가가 주어질 수도 있기 때문에 중요하다고 보고 있다.[102]

미국 연방윤리청의 외부로부터의 선물(gift from outside sources) 규정을 보면 선물(gift)이란 거의 금전(cash), 식사(meals), 여행(trips), 티켓(tickets)과 같이 금전적 가치를 갖는 것으로 정의한다.[103] 따라서 커피 한 잔, 식사의 일부가 아닌 간단한 다과, 단지 소개를 목적으로 한 카드, 증명서와 같이 거의 가치가 없는 물건 등은 선물로 보지 않는다. 또한, 외부적 자원(outside source)이란 해당 공공기관에 허가, 입찰, 납품 등 공식적으로 공공서비스를 요구하는 개인이나 조직 또는 공공기관과 사업을 행하는 기관을 말한다. 특히, 공무원의 공식적 활동으로 영향을 받을 수 있는 조직이나 개인을 포함한다.

일반적으로 공무원에게 주는 선물은 선물을 준 개인이나 조직의 이익을 위해 공무원의 공적 활동에 영향을 미칠 수 있는 것으로 본

---

101) U.S. House of Representatives, Committee on Standards of Official Conduct, House Ethics Manual, 106 Congress April 2000, p.5.

102) Paul H. Douglas, *"Ethics in Government"*, 1952, p.48.

103) United States Offices of Government Office, *OGE pamphlet 『the gifts from outside sources rule is found in 5C.F.R. part 2635, subpart B』*

다. 따라서 공무원은 개인적인 이익(personal gain)을 위해 공직을 이용할 수 있는 것으로 보이는 선물은 받아서는 안 된다. 선물에 관한 지침 중 선물 20$/50$ 한도를 보면 한 번에 20$를 넘지 않는 선물은 허용하며 동일한 사람이나 조직으로부터 일 년에 50$를 넘어서는 안 된다. 20$ 한도의 설정 배경을 보면 대다수의 미국인이 20$ 정도라면 대수롭지 않게 받을 수 있다고 생각하는 합리적인(reasonable) 금액이며 모든 사람들이 쉬운(simple) 기준을 적용할 수 있도록 하기 위해서 마련되었다. 또한, 선물 20$의 가치를 어떻게 정할 것이냐 하는 문제가 제기된다. 선물의 가치는 시장가치(market value)로 보고 있으며 시장가치란 선물을 받는 사람이 구입하기 위해 지불하는 소매가격(retail price)을 말한다. 만일, 선물의 소매가격을 결정할 수 없다면 유사한 질의 물건에 대한 소매가격을 참고로 그 가치를 측정한다.

한도를 넘는 선물은 반환하거나 그 선물 갖기를 원할 경우 그 선물의 시장가격(market value)을 선물을 준 사람에게 지불할 수 있으며 음식, 꽃과 같이 상할 수 있는 것은 자선단체에 기부하거나, 사무실의 직원들과 공유하거나 버린다.

특히 논란이 되는 '가족과 친구로부터의 선물', '할인 행사'를 보면 전자는 정부에서 일하는 개인의 지위에서가 아니라 개인적 관계나 우정(personal relationship or friendship)에 동기화되었다면 선물규정의 예외로 받을 수 있다. 예를 들어 정부기관과 관련을 갖고 있는 회사의 직원인 처남이 선물을 할 경우, 정부와 계약을 맺고 있는 회사의 직원인 친구로부터 선물을 받을 경우, 개인적인 관계에 기인한 것이 명확한 한 선물규정의 예외이다. 다만 그 선물비용을 누가 지불했으며, 어느 정도 친밀한지를 고려해야 한다. 만일 선물비용을 회사가 지불했다면 20달러 / 50달러 한도가 적용된다. 후자의 경우에 모든 공무원을 대상으로 하는 할인 행사는 선물로 여기지 않는다. 이 행사에서 공무원의 책임(responsibility), 지위(rank), 보수에 따라 차별을 두는 것도 같다. 그러나 정부 공무원들의 특정 집단 또는 계급들에 국한되어 제공되는 저렴한 회비 및 유사한 혜택 등은 어떠한 환경에서 제한된다. 무료로 행사에 참석한 후 기념품을 받는 경우도 행사주최기관이 해당 공공기관과 관계를 맺고 있고 참석 공무원이 어느 정도 공공활동에 영향을 미치는지, 참석자의 수나 신분 등을 종합적으로 판단한다. 어떠한 경우에도 비록 다른 공공기관에 의해 허용되었더라도 숙박경비를 지원받을 수 없다.

(3) 공무원 사이의 선물(Gifts between employees)

공직사회 내부에서 동료들 간에 주고받는 선물에도 일정한 제한이 있어야 하는지에 대한 의문이 제기된다. 이러한 질문은 다음과 같은 경우를 가정하면 쉽게 선물에 대한 제한의 필요성이 인정된다. 만일, 명령의 위계상 직속 상사(official superior)이며 자신의 성과를 평가(performance evaluation)하는 윗사람에게 선물을 한다면 어떠한 결과를 가져오겠는가? 부하직원은 보다 가치 있는 선물을 주어 자신의 평가에 호의적인 영향을 미치려 할 것은 자명하다.

미국 연방 윤리지침은 상하관계에서 부하직원이 상사에게 선물을 주는 경우, 동료직원이라도 급여가 적은 직원이 많은 직원에게 선물을 주는 것을 금지하고 있다. 동료 간에 선물을 주는 경우에 현금을 제외하고 10$의 시장가치(market value)를 갖고 있는 선물 10$ 제한으로 예외를 두고 있다. 10$ 한도 설정의 배경을 보면 미국인들 사이에 통상적으로 크리스마스, 추수감사절 등 명절이나 생일, 결혼, 출산 등 개인적 기념일에 쿠키, 꽃, 과일과 같은 적절한 상징(modest tokens)을 교환함으로써 서로의 마음을 교환하는 수준이다. 또한 직원 전체가 공동으로 돈을 내어 생일 축하 식사를 하거나 기념품을 구입하는 경우, 모든 참석자들이 자발적으로 참여하였다면 문제가 없는 것으로 보고 있다. 따라서 이러한 금액설정은 공적 업무에 헌신해야 할 직원들이 상사를 위해 특별한 선물을 구입하려는 노력을 없애고 직원들을 불필요하게 낙담시킬 필요가 없다는 것도 그 이유 중의 하나이다.[104]

(4) 공무원의 지위 남용(Misuse of Position)

연방공무원 윤리강령에는 공무원의 지위 남용행위로 사익을 위한 공직의 이용, 비공개 정보의 이용, 정부자산의 이용, 공식적 시간의 이용 등 네 가지로 유형화하고 있다.[105] 앞서 공무원의 사적 이익(private gain)을 고찰할 때 이익충돌의 영역 중 가장 규범적으로 논란이 제기된다고 언급하였다. 즉, 뇌물이나 대가성 있는 사례는 공무원의 공적 판단이나 성과에 영향을 미치는 반면, 공무원의

---

104) United States Offices of Government Office, *Ethics Handbook for Executive branch employees* 『the gifts between employees is found in 5C.F.R. part 2635, suboart C』

105) United States Offices of Government Office, 5 C.F.R. § § 2635. 701－705.

사적 이익은 전혀 공식적 성과에 영향을 미치지 않는다. 또한 전자는 받은 정도를 고려하여 사적 시장에서 대가를 만드는 반면, 후자는 전혀 사적 서비스를 만들지 못한다. 따라서 사적 이익이란 공무원이 공직의 역할 밖에서 무언가를 얻거나 추구하는 행위이다.

공무원은 미공개 정보를 이용하여 재정적 거래에 참여할 수 없으며, 공무원 자신의 사익 또는 다른 사람의 이익을 위해 비공개 정보를 허가받지 않은 방식으로 공개하고, 자문, 권고 등 부적절하게 사용하도록 해서는 안 된다. 이것을 위반할 경우 행동강령과 더 나아가 비밀·내부정보의 사용과 공개를 금지한 연방법령의 위반으로 처리하고 있다.

'미공개 정보(nonpublic information)'란 일반 국민들에게 알려지지 않았으나 공무원으로 근무함으로써 얻게 되는 정보를 일컫는다.106)

사례) 해군 직원 P는 특정 기업이 해군과의 전기시험장비 업체로 계약될 것이라는 사실을 업무추진 과정에서 알게 되었다. P는 직접적으로 해당 기업 및 하청 기업의 주식을 구매하는 행위를 하지 않았지만 국민에게 공개되기 전에 친구나 친척들에게 주식 구입을 자문하였다. 이것은 비공개 정보를 사용한 지위 남용(misuse of position) 및 연방증권법률을 위반한 것이다.

---

106) 미공개정보: ① 연방법 15 U.S.C.552에 의하여 공개가 배제되거나 법령 및 행정명령에 의해 보호되는 경우 ② 정부 기관의 비밀 정보로 설계된 경우 ③ 실제로 일반 국민에게 알려지지 않았으며 일반국민들이 이용할 수 없는 경우

(5) 공무원의 외부활동(Outside Activities)

공무원의 외부활동은 금지하는 것이 기본 원칙이다. 공무원은 자신의 공적 업무와 이익충돌을 일으키는 부업(outside employment) 또는 외부활동(outsides activities)을 할 수 없다. 공무원의 외부활동이 공적 업무에 영향을 미친다면 공정한 업무를 수행하기 어렵기 때문이다. 그러나 모든 외부활동이 금지되는 것은 아니며 대가(compensation)를 받지 않고 종교단체, 자선단체, 지역단체 및 시민단체의 활동에는 참여할 수 있다.[107]

특히, 공무원의 외부활동이 재정적 이익충돌(conflicting financial interests)을 야기하거나 공무원의 공정한 판단능력이 손상되어 기피(disqualification)를 야기할 정도로 비쳐질 때 공무원의 외부활동은 허용되지 않는다. 따라서 공무원의 외부활동은 많은 제약이 따르며 대표적인 외부활동으로 강연, 외부소득의 제약, 기금 모금 활동 등을 알아본다.

공무원은 다양한 외부활동에 참여하는 동안 그러한 외부활동이 공적 업무 수행 시 공무원의 공정한 판단을 해칠 수 있다. 예를 들어 예술계의 보조금을 지급하는 공무원은 현대무용의 발전을 지원하는 단체에 가입할 수 없다.

공무원이 자신의 공적 업무(official duties)와 관련되어 가르치거나, 연설하거나 기고하기 위해 정부 이외의 다른 곳에서 활동할 때에는 교통 및 숙박비를 포함한 어떠한 보상도 받을 수 없다.

---

107) United States Offices of Government Office, *Ethics Handbook for Executive branch employees* 『*Outside Activities*』, p.29.

고위 공무원의 강연, 가르침, 기고는 공적 활동과 관련된다. 만일 활동의 주제가 일반적인 주제, 해당 공무원의 소속기관의 활동이나 프로그램에 영향을 받는 산업, 또는 경제계의 중대한 일부를 다루는 주제라면 그런 강연 등 외부활동은 제약된다.

그러나 가르치는 활동이 공무원의 업무와 관련되는 경우라도 보상을 받는 것은 가능하며 외부활동이 공적 활동과 관련되는지 여부와 관계없이 제약이 따르는 경우가 있을 수 있다.

예컨대 공무원이 대학교에서 초보자를 위해 수영강습을 한다면 어떠한가? 만일 공무원이 자신의 업무가 강연내용과 관련된다면 보수를 받을 수 없다. 다만, 공적 업무와 관련되더라도 정규교육기관의 정규교육과정(regular program)이라면 허용된다. 그러나 만약 공무원의 업무가 대학의 재정적 이익이나 대학업무를 다루는 것이라면 윤리담당기관과 상의해야 한다.

◉ 외부소득(outside earned income)

공무원이 정부가 아닌 외부로부터 소득을 얻는 것은 오랫동안 윤리적 관심의 대상이었다. 1917년 공무원의 보수 보전 행위 금지는 공직을 수행하면서 정부 이외의 어떤 곳으로부터 재정적 보전을 받을 수 없도록 하였다.

외부소득은 공무원의 직무행위와 관련이 있어야 하는가? 이것은 수년 동안 뜨거운 논란을 거듭해 왔으나 소득이 이익충돌이 아닌 한 모든 공무원은 공직 역할 밖에서 소득을 창출하는 행위를 허가 받아서 가능하도록 하였다.

대통령의 임명과정을 거친 고위 공무원의 모든 외부소득은 금지한다. 연방정부의 GS-15 수준 이상 보수를 받는 고위 공무원(non-career employees)은 부업을 통해 얻은 소득은 연 소득을 15% 이상 넘어서는 안 된다.[108]

예컨대 비경력직 고위직 공무원이 Home internet 업체의 사장인 경우 그 수입이 연간 소득의 절반을 차지하면 그러한 소득은 받아들일 수 없으며 외부소득은 15%로 제한되어야 한다. 또한 비경력직 고위 공무원은 변호사 업무를 처리할 때, 기업에 고용되거나, 협회의 임원으로서 신탁 관계에서 서비스의 제공에 대해 보상을 받을 수 없다. 이러한 활동에서 공무원은 자신의 이름을 회사나 기관에서 사용하도록 허용할 수 없다.

◉ 기부금 모금 활동

공무원이 개인적으로 비영리단체의 기금을 모금하는 활동을 할 때 공적 직위, 공적인 직함, 기관의 이름을 사용하는 데 제약이 따른다. 기금의 모금 대상자가 해당 공무원 소속기관의 행동에 의하여 영향을 받을 때 그들을 상대로 기금을 유치해서는 안 된다.

---

108) Executive Order 12674, President George H. W. Bush.
USA Today, "financial disclosures show extra income", June 15, 2007, 13A.
의원의 외부소득(outside income)은 보수의 15%를 넘지 않아야 하나 책 로열티는 예외.
'06 Hillary Cliton 의원은 책 수입으로 35만$를 재산등록.

7. 연방정부 자문위원회와 이익충돌

(1) 배 경

위원회제도는 행정에 필요한 경험과 전문지식을 활용할 수 있고, 신중한 심의와 공정한 판단을 가능하게 하는 장점이 있다. 그러나 위원회의 이런 장점들에도 불구하고 위원회는 소속 기관의 장이 결정하기 어려운 문제에 대해 기관장의 결정을 지연하고 책임을 회피하고 결정을 지연하려는 목적으로 이용할 가능성이 높다. 특히 기관장의 결정의 결과가 잘못되어도 자신의 잘못이 아니라 위원회를 끌어들여 책임을 전가하고 편리하게 이용될 수도 있다.

또한, 위원회의 업무에 대해 책임 소재를 명확히 하기 어려운 것처럼 위원들 상호 간에도 그대로 적용되어 무임승차 현상이 발생한다. 위원회의 결정 내용이 부실하게 될 가능성이 있으며 위원들은 자신과 직접 이해관계가 있는 정부결정에 영향을 미칠 수 있다. 위원회 구조상 위원들은 책임을 지지 않고 결정을 할 수 있기 때문이다. 즉, 어느 특정 개인에게 책임을 추궁할 수 없어서 위험한 결정이 나올 수 있다. 예를 들어, 도시계획위원회에서 특정위원의 사적 이익과 관련된 안건이 심의될 경우 해당 위원의 활동은 안건 결정에 영향을 미칠 수 있다.

미국은 사실 '위원회 국가'로 불릴 만큼 대통령, 의회 및 연방정부들은 1,000여 개의 위원회를 운영하고 있다. 따라서 수많은 위원회가 설립되어 당초 설립 목적에 맞게 활동하는지를 평가하고 폐지하는 일련의 과정을 연방정부 차원에서 관리할 필요성을 느끼게 되었다.

1972년 연방자문위원회법(FACA: Federal Advisory Committee Act: public law 92－463, 5 U.S.C. App)이 의회를 통과하였다. 이 법은 대통령과 의회에서 수년 동안 운영되는 다양한 각종 위원회들이 국민들에게 객관적이고 접근할 수 있도록 하기 위해 만들어졌다. 또한, 위원회의 설립, 운영, 평가, 폐지의 과정을 공식화할 뿐만 아니라 위원회 활동을 모니터할 수 있는 새로운 연방기구(MCC: Committee Management secretariat)를 신설한 것이다.

1976년 동 법의 실효성을 높이기 위해 대통령에게 모든 권한을 부여하였으며 연방관리처(GSA)의 장은 연방 자문위원회의 활동을 보고받고 대통령과 의회에 직접 보고토록 하였다.

(2) 이익충돌

1982년 연방정부에 의하여 설립된 각종 위원회의 위원으로 임명은 되었지만 정규 직업(full time) 공무원이 아닌 경우에도 공무원들이 준수해야 하는 이익충돌법(U.S.C. §202～209)이 적용되는지의 문제가 제기되었다. 연방정부는 위원회의 위원들에게 이익충돌법이 적용되도록 하는 것이 정당한 정부의 권한 행사로서 적절한 결정을 이끌어 내는 요소라고 판단하였다. 의회는 특별한 정부 공무원

(special Government employees)의 범주에 정부가 보수를 주는 여부와 관계없이 정부에서 임명된 정부 자문위원회의 위원들을 포함시키도록 명문화하였다.

그래서 정부의 이익과 위원 개인의 이익이 관련되었을 때 정당한 활동이 이루어지도록 정부자문위원을 비롯하여 파타임으로 정부 서비스를 행사하는 사람들에게도 이익충돌의 메커니즘을 적용하도록 의무화하였다. 다만, 일반 공무원들과는 다른 완화된 이익충돌법이 적용되도록 하였으며, 따라서 회전문법은 그 적용을 배제하였다.

사실, 1963년 이전까지만 해도 정부 자문위원들은 이익충돌법의 적용에서 완전히 배제되었었다. 이익충돌의 적용은 정부가 필요로 하는 자문을 얻는 데 상당히 제약을 가져오기 때문이다.

8. 독립검사제도

— Independent Counsel —

(1) 배 경

법무부는 공무원의 불법적인 부정행위(misconduct)의 의혹을 조사하고 처벌하는 행정권한을 행사해야 한다. 그런데 비위 공무원이 대통령을 비롯한 고위 공무원일 경우, 그 조사는 본질적으로 정치적으로 논란이 제기되며 공정성을 의심받게 된다. 행정부 소속검사가 자신의 상관인 대통령이나 고위 공무원을 수사하는 것은 바로 '이익충돌(Conflicts of interest)'로 간주한다. 그래서 정부 밖에서 누군가가 독립적으로 이러한 조사를 실행함으로써 고위 공무원의 비리나 위법행위에 대한 수사와 기소를 행정부로부터 독립된 검사가 담당하게 한 것이 바로 독립검사제도 도입의 취지이다. 또한 견제와 균형을 중시하는 미국사회의 가치기준에 따라 대통령의 권한과 고위 공직자를 견제하는 중요한 장치로 이 제도가 받아들여지고 있다. 다시 말해 독립검사제는 정치권과 연관되는 고위 공직자에 대한 범죄수사와 공소제기에서 특별히 '이익충돌(Conflicts of interest)'을 방지하고 그 수사권과 기소권의 공정성을 담보하며 고위 공직자의 처리 결과에 대한 국민신뢰를 확보하기 위한 것이다.

미국에서 독립검사제도는 행정부의 고위 공직자의 비리를 파헤치

는 매우 자연스러운 사법관행으로 자리 잡았다. 그러나 많은 비판가
들은 독립검사는 무제한의 권한을 행사하며, 그 어느 누구에게도 응
답하지 않는 행정부의 제4부(The Fourth branch)라고 비판한다. 범죄
행위에 대한 기소는 헌법이 보증하는 순수한 행정부의 권한이므로
대통령의 권한을 박탈하는 것이라는 비판이 제기되기도 한다.[109]

특별검사라는 말은 그랜트(Ulysses S. Grant) 대통령[110]으로까지
거슬러 올라간다. 그랜트 대통령은 대통령 개인 비서의 탈세혐의를
수사하기 위하여 특별검사를 임명한 것이 그 시작이었다. 1920년에
는 대통령 W. 하딩이 내무부 관리들이 연방정부 소유의 와이오밍
주의 유전 개발권을 민간업자에게 넘겨주고 그 대가로 뇌물을 받
은 스캔들을 수사하기 위하여 특별검사가 임명되었다. 미국은 행정
부에서 고용하는 변호사가 검사라는 관념이 강했기 때문에 자연스
러운 관행으로 자리 잡았다.

이 제도가 본격적으로 도입된 것은 1972년 닉슨 행정부의 워터
게이트 사건에서부터이다. 대통령 닉슨은 워터게이트 도청사건에 대
한 성역 없는 수사를 약속하며 하버드 법대 교수인 Archibald Cox
특별검사를 임명하였다. 그는 사건 해결을 위한 결정적인 열쇠인
백악관회의 녹음테이프를 제출하도록 요구하였다. 닉슨 대통령은
특별검사를 해임하라고 지시했으나 법무부장관과 차관이 이를 거
부해 이들을 한꺼번에 사직시켰으며 이 사건은 '토요일의 대학살
(Saturday Night Massacre)'이라고 불렀다. 미국의회는 특별검사의

---

109) Morrison v. Olson,487 U.S. 654(1988).
　　 Antonin Scalia 대법관은 특별검사제의 위헌성 심판에서 유일하게 소수의견을 제시.
110) Ulysses S. Grant 대통령: 제18대 대통령, April 27 1822~July 23, 1885.
　　 http://www.kittytours.org

독립성을 보장할 수 있도록 법무부장관이 갖고 있던 특별검사의 임명권한을 박탈하는 새로운 임명시스템을 입법화하였다.

1978년 Jimmy Carter 대통령은 고위 공직자의 불법적인 부정행위(criminal wrongdoing)에 대한 의혹을 조사하기 위해 독립검사 (Independent Counsel)를 임명하는 정부윤리법(Ethics Government Act)에 서명하였다.[111] 정부윤리법은 첫째, 법무부장관(Attorney general)은 연방공무원의 비위 혐의가 드러나면 90일 동안 예비조사(preliminary investigation)를 벌인다. 둘째, 법무부장관은 조사결과 추가조사가 필요 없을 경우는 자체적으로 종결하나 법위반의 신뢰할 만한 증거 (credible evidence)가 발견되면 연방공소법원에서 선정된 판사 3인으로 구성된 패널(a special three－judge panel of the United States Court of Appeals for the District of Columbia Circuit)을 요청한다. 이 패널 (special three judge panel)이 특별검사를 임명하였으며 독립된 조사와 기소를 위해 경비와 시간은 제한이 없이 사용할 수 있다. 셋째, 의회가 정부윤리법의 특별검사규정을 매 5년마다 재인정(reauthorize)하도록 하였다. 1982년 의회는 특별검사의 명칭을 행정부와의 독립성을 강조하기 위해 독립검사(independence counsel)로 변경하였다.

(2) 독립검사의 역할

미국사회에서 1978년부터 특별검사제도가 도입된 이후 26명의 독립검사가 활동하였다. 독립검사 중 가장 많은 화제를 불러일으킨

---

111) Roberts Robert north, *Ethics in U.S. Government*(Greenwood Press), p.193.

인물은 클린턴 행정부의 비리를 밝혀낸 케네스 스타(Kenneth Start) 검사였으며, 5년 동안 4,000만 달러를 지출하며 클린턴 대통령과 관련된 모든 스캔들을 조사했다. 1994년 임명 당시 아칸소 주지사 시절 발생한 클린턴 부부의 부동산 거래 의혹 사건인 '화이트워터' 사건, 하지만 스타 검사는 백악관 여행국 직원 해고사건인 '트레블게이트', FBI의 주요인물 기록 불법이용의혹 사건인 '파일게이트' 등을 수사한 후 대통령의 성추문 사건까지 다루게 되었다. 스타 검사는 대통령을 탄핵의 심판대에까지 올려놓는 데 성공했으나 수사 중에 중립성을 훼손시켰다는 혹평을 받았다.

스타 검사와 함께 역사에 기록될 독립검사는 이란 콘트라 사건을 수사한 글랜스월시 독립검사이며 7년 동안 4,790만 달러의 예산을 들여 역대 독립검사 사상 최대비용, 최장기 수사기록을 세우며 행정부의 비리를 밝혀냈다. 이란 콘트라 사건은 백악관 비서실장이었던 도널드 리건과 올리버 노스 중령 등이 이란에 무기를 팔아 조성한 자금을 콘트라 반군에 제공한 사건이다. 92년 대선 직전 부시 후보가 부통령 시절 이것을 보고받았거나 최소한 알고 있었다는 내용의 수사결과를 발표하여 부시의 재선에 영향을 미쳤다. 당시 다수당인 공화당은 5년 연장의 독립검사법의 재승인을 막아 2년간의 사문화를 초래했다.

초대 독립검사 아서 크리스티를 포함하여 초창기 5명 독립검사단 한 건의 기소에도 성공하지 못했다. 최근에는 도널드 스몰츠 검사가 기소한 마이크 에스피 전 농무부장관은 재판에서 무죄를 선고받기도 했다.

【표 4-2】 독립검사개요(Summary of Independent Counsel Investigations)

(1979 - 2000)

독립검사 (Independent counsel)	임명일	조사주제	결 과	조사비용 ($)
Arthur Christy	1979. 11. 29	Hamilton Jordan	기소 없음(No indictment)	215,621
cerald Gallinghouse	1980. 9. 9	Timothy Kraft	기소 없음(No indictment)	3,300
Leon Silverman	1981. 12.29	Raymond Donovan	기소 없음(No indictment)	326,000
Jabob Stein	1984. 4. 2	Edwin Meese Ⅲ	기소 없음(No indictment)	312,000
James McKay	1986. 4. 23	Theodore Olson	기소 없음(No indictment)	2,141,000
Alexia Morrison	1986. 5. 29			
Whitney N. Seymour	1986. 5. 29	Michael K. Deaver	1개 유죄 인정(guilty plea)	1,552,000
Lawrence Walsh	1986. 12. 19	Iran - contra affair	1개 유죄 인정(guilty pleas), 4개 범죄사항 (four convictions) 6가지 대통령 사면(presidential pardons)	48,490,000
Carl Rauh	1986. 12. 19	Lawernce Wallace	기소 없음(No indictment)	50,000
James R. Harper	1987. 8. 17			
James C. McKay	1988. 7. 18	Lyn Nofziger Edwin Meese Ⅲ	1개 유죄	2,796,000
Name under seal	1989. 5. 31	Name(s) under seal	Under seal	15,000
Arlin Adams	1990. 3. 1	Department of Housing	7개 유죄 인정(guilty pleas),	29,255,982
Larry Thompson	1995. 7. 3	and Urban Development	11개 범죄	
Name under seal	1991. 4. 19	Name(s) under seal	Under seal	93,000
Joseph di Genova	1991. 12. 14	Janet Mullins	기소 없음(No indictment)	3,458,205
Michael F. Zeldin	1996. 1. 11	Margaret Tutwiler		
Robert B. Fiske Jr.	1994. 1. 24	Whitewater	14개 유죄 인정, 대통령 탄핵(사면)	63,754,022
Kenneth W. Starr	1994. 8. 4			
Robert Ray	1999. 10. 18			
Donald C. Smaltz and others	1994. 9. 9	Mike Espy and others	14개 유죄 인정	24,212,582
David Barrett	1995. 5. 24	Henry G. Cisneros	1개 유죄 인정(사면)(guilty plea(pardoned))	15,624,720
Daniel Pearson	1995. 7. 6	Ronald H. Brown	기소 없음(No indictment)	3,626,914
Curtis Von Kann	1996. 12. 27	Eli Segal	기소 없음(No indictment)	516,534
Carol Elder Bruce	1998. 3. 19	Bruce Babbitt	기소 없음(No indictment)	6,289,064
Ralph I. Lancaster Jr.	1998. 5. 26	Alexis Herman	기소 없음(No indictment)	5,035,479
총조사비용				$207,767,423

Source: "Revision of Special Prosecutor Law Cleared", 1982 *Congressional Quarterly Almanac*(Washington: Congressional Quarterly, 1983), p.388; General Accountion Office, *Financial Audits of Expenditures by Independent Counsels*, "Scandal proof" G Calvin Macken(Washington: Bookings institution; 2002) p.118.
Note: Figures are not final because some independent counsel investigations were ongoing at the time independent counsel authority expired.

(3) 독립검사제도의 한계

1983년부터 1987년 사이에 일련의 독립검사의 활동은 조사의 공정성에 대한 비난을 가중시켰으며 한때 헌법상 '권력분립의 원리'에 맞는 제도냐를 놓고 거센 논란을 불러일으켰으나, 1988년 연방대법원은 이란 콘트라 사건 관련 Olson 소송에서 3명의 연방판사로 구성된 패널에서 독립검사를 임명하는 것은 헌법에 합치된다고 판시하였다. 역대 검사들이 무제한의 권한과 예산을 남용하면서 성과를 내지 못했다는 비판이 제기되었다. 또한 공직자 윤리법에 독립검사 임명규정을 포함시킴으로써 공무원의 범죄행위(criminal conduct)에 관심을 두고 당초에 설계된 공무원의 윤리적 기초를 희석시킴으로써 범죄조사가 공직의 청렴성을 높인다는 사실을 입증해야 한다는 견해를 제기하기도 했다.[112]

독립검사법은 일몰법으로 운영되어 5년 기간으로 의회에서 재승인을 받게 되었다. 1978년 도입된 이후 '83년과 '87년 두 차례 시한이 연장된 이후 '92년 독립검사의 효율성에 대한 많은 논란이 제기되어 의회의 재승인을 받지 못해 한 차례 실효됐다가 다시 5년간 재연장되었다. 1992년 말 2년간 법이 효력을 상실하였다. 법무부는 공직 청렴부서(Public Integrity Section The Department of Justice)[113]를 설치하고 고위 공직자의 비리 행위를 조사하였다. '94

---

112) Stephen L. Carter, *Integrity*(Basic Books: 1996), p.196.
특별검사를 지낸 Gerard lynch 교수는 특별검사 규정은 비헌법적이라고 주장

113) 법무부의 공직 청렴국(Public Integrity Section The Department of Justice)은 1976년 워터게이트 스캔들 이후 법무부 내에 대통령을 포함한 연방공무원의 부패행위를 조사하기 위해 설치되었다.

년 재승인된, 활동하던 독립검사는 '99년 의회가 시한을 연장하지 않기로 합의함에 따라 사라졌다. 그러나 이 법의 폐지로 독립검사 제도 자체가 사라진 것은 아니다. 대통령이나 행정부 고위인사에 대한 수사가 필요할 때 연방검찰청 또는 법무부 소속이 아닌 외부 특별검사가 수사하도록 한 규정은 남아 있다. 독립검사법이 폐지된 이후 법무부는 외부특별검사의 권한을 과거보다 상당히 제한하는 내용의 특별검사 규정(미국 연방 규정 제28편 제600장: 28CFR600) 을 마련했다. 새 규정에는 법무부 장관이 특별검사의 임명과 해임 을 결정하는 권한을 갖고 있으며 특별검사에게 모든 수사 또는 형 사소추상의 조치에 대해 설명하도록 요구할 수 있으며 그 조치가 법무부의 관행에 비추어 볼 때 문제가 있다고 판단될 때는 수정토 록 요구한다. 또한 법무부의 보고지침에 따라 수사사항을 법무부장 관에게 통지하도록 되어 있다. 이 때문에 미국 법조계에서는 특검 을 법무부에 예속시켰다는 비판이 제기된다.

그러나 대다수의 전문가들은 독립검사의 도입은 이익충돌의 원 리와 국민신뢰 확보를 위해 대통령 등 고위 공무원의 비리가 발생 하면 독립검사는 부활할 수밖에 없을 것이라고 전망한다.

9. 회전문법(Revolving door law)

(1) 배경

최근 공직의 청렴성을 확보하기 위한 가장 큰 관심 분야는 기업이 관계해 왔던 정부 공무원들에게 퇴직 후에 일자리를 보장하는 것이다. 미국 내에서 통상적인 부패 스캔들로 다루어지는 것 중의 하나가 바로 '회전문(revolving door)'이다.

황금의 회전문(The Golden Revolving Door)이란 상하원 의원직을 떠나 로비스트로 활동하는 인사를 말함(출처: CBS News. 2008.5).

'회전문(revolving door)'이란 공무원이 정부와 업계를 오고 가면서 업계의 이익을 반영하는 정책이 결정된다는 데서 유래한다. 특히 이러한 회전문 현상은 규제기관과 규제 산업 사이에 빈번하게 발생하였다. 규제기관의 공무원들이 퇴직 후 규제산업에 종사하게 되는 사례가 증가하고 공무원이 공익이 아니라 규제 산업계의 이익을 위해 봉사하는 경우가 많아졌다. 많은 학자들은 이러한 규제 행위에 대한 견해를 지지하는 증거를 잡지 못했지만 규제포섭이론(regulatory capture)을 주장 하게 되었다.

분명히 공무원들에게 현금 뇌물이나 값비싼 해외휴가뿐만 아니라 퇴직 후 취업을 약속하는 것은 그 무엇보다도 매력적인 부패 유인책이다. 풍부한 경험은 있으나 불만족스런 연금을 받는 공무원들에게 있어서 과거 납품업자들이 취업을 제공하는 것은 매력적이다. 퇴직 후 취업은 일면 공무원의 가치 있는 경험이 사회에서 모두 손실되지 않게 하는 건설적이고 유용한 방법이 될 수도 있다. 하지만 퇴직 공무원이 전에 근무한 기관의 동료나 부하직원들에게 정부사업과 관련하여 자신의 일이 우호적인 결정이 나도록 하고 정부의 정보를 미리 얻어 로비를 하는 이른바 공식적인 창구를 뛰어넘는 'Jumping Counter'라는 비공식적 접촉이 발생한다. 퇴직 공무원은 정부에서 진행 중인 계약협상전략, 그가 일할 새로운 고용주와 경쟁관계에 있는 업자에 대한 상세한 비밀정보를 가지고 나갈 수 있다. 이런 경우에는 공익이나 민간 모두에게 이로울 것이 없다. 퇴직 공무원은 자신이 직접 기획한 사업과 관련된 민간의 업무에는 참여할 수 없으며 퇴직기관을 위해 더 높은 급료를 받으며 컨설팅하거나 계약당사자로 참여할 수 없도록 하고 있다.

미국 정부는 회전문을 통해 퇴직 공무원이 근무했던 공공기관에서 이득을 취하는 행위를 제한하고 있다. 퇴직 공무원은 전에 근무한 동료들에게 로비 활동을 하기 위해서는 1년 동안 기다려야 했다. 그럼에도 불구하고 여전히 로비스트의 활동은 윤리규정상의 허점(hole)을 통해 드러나게 된다.

예를 들어 Katrina 재앙이후 소관부처인 국토 안보부에는 소속 고위공무원 ⅔(90명)가 정부와 로비업계 사이를 오고간 회전문(revolving door)을 경험한 것으로 드러났다.114) 이를 황금의 회전문(The Golden revolving door)이라 부른다. 더욱이 미국의회의 상하원 의원들은 자신의 경험과 인적 네트워크를 활용하기 위해 직접 로비스트로 나서고 있었으며 많은 로비자금이 전직 의원들에게 집중되었다. 그들의 로비활동은 동료였던 의원들에게 직접적인 영향을 미치는 것으로 나타났다. 로비스트로 나선 로트 전상원의원은 공군의 연료 계약(35 billion $)건을 유지 하기 위해 이 문제에 영향을 미칠 수 있는 동료였던 상원의원들에게 기부금을 주었다.

의원들은 선거자금을 개인 용도로 사용 할 수는 없었지만 전직 동료였던 로비스트로부터 기부금을 받을 수 는 있었다. 2005년 이후 2008년 까지 195명의 상하원 의원들이 로비스트로 나서 더 많은 로비자금이 선거 기부금으로 전달되는 등 회전문의 회전속도가 빠르게 되고 있다.115)

---

114) http://www.nytimes.com, "The golden revolving door", 2006.7.
115) http://www.cbsnews.com, "The revolving door : Lawmakers to Lobbyist", 2008.5

(2) 연 혁

미국에서 회전문법(revolving door law)이 도입된 시초는 1870년
대 초 의회에서 퇴직 공무원이 정부기관 앞에서 특정한 과제에 대
해 대리(represent)할 수 없도록 제한하면서부터 였으며 1950년까지
의회는 정기적으로 관련 규정을 보완하였다.

공무원의 퇴직 후 취업 문제는 제1차 세계대전으로 거슬러 올라
간다. 전쟁 군수조달 공무원들은 퇴직 후 군수 산업 직원으로 채용
되는 사례가 빈발하였다. 퇴직 공무원들은 자신의 직무에서 얻는
정보를 사용하여 계약에 유리한 혜택을 자신의 고용주에게 주었다.
1919년 의회는 군수조달 공무원의 내부 정보를 사용하여 군 조달
계약을 추구하는 민간 기업을 돕는 것을 금지하였다. 그러나 동법
은 제1차 세계대전의 군수조달 공무원에게 한시적으로 적용하는
데 그쳤다.116)

1962년 이익충돌법(conflict of interest law)이 제정되어 특정한 정
부업무와 관련된 민간기관에 영원히 취업(life year ban)할 수 없거
나, 2년간 제한(two year ban)하도록 하였다.

1976년 Jimmy Carter 대통령은 회전문법을 강력히 지지하여 1978
년 공직윤리법에 포함되게 되었다. 새롭게 1년간의 제한 규정(one
year cooling - off period)이 도입되었으며 퇴직 공무원은 이전에 다
루었던 정부업무에 대해 전 소속기관의 공무원과 접촉하는 것을
금지(one year no contact ban)하였다.

---

116) G. Calvin Mackenzie & Michael Hafken, *Scandal proof: Do Ethics laws make
Government Ethical*(The Brookings Institution, 2000), p.65.

'윤리 정부'를 내건 버락 오바마 미국 대통령은 부시행정부 시절보다 퇴직 공무원이 전 소속기관의 공무원과 접촉하는 기간을 1년 더 연장하여 2년간 냉각기(cooling-off)를 거치도록 강화하였다.[117]

(3) 이익충돌 메커니즘

공무원이 공직을 떠나 사적 업무에 종사할 때 그 분리과정을 관리하는 것은 '이익충돌(conflict of interest)' 문제를 다룸에 있어 점차 중요시되고 있다. 퇴직 후 취업문제는 이익충돌의 예방적 장치인 공직자 재산공개에서도 드러나지 않고 공무원행동강령의 운영으로도 효율적인 해결책이 되지 못한다.

퇴직 후 재취업에 대한 관리를 일률적인 금지(Blanket prohibitions) 방식으로 할 것인지 아니면 개별 사건 처리 방식(Case by case base)으로 할 것인지 하는 문제가 제기되었다. 미국은 퇴직 공무원의 재취업문제를 건별 방식으로 처리하고 있다. 예를 들어 장관이나 고위 공직자가 민간기업과 대규모 공공사업에 대한 협상이 진행 중일 때 정부기관을 떠나 정부와 협상 중에 있거나 낙찰된 업체에 고용되는 것은 부당하다. 이러한 것들은 일률적인 규정으로 규제할 수 없으며 복잡하게 얽힌 개인 업무와 취업기관에서 맡은 업무의 관련성이 면밀히 분석되어야 한다.

이익충돌의 잠재성은 공무원이 정부를 떠나고 미래의 고용을 위해 협상하기 시작할 때, 특히 심각하다. 정부와 계약을 맺고 있거

---

117) (앞부분 보이지않음) 13490, (2009.1.21)

나 업무상 관련을 갖고 있는 미래의 고용주와 고용협상을 할 때 재취업을 원하는 공무원은 협상과정에서 정부의 정책과 소속기관의 정책을 조정하게 된다. 따라서 이익충돌을 예방하는 기본원리는 공무원은 잠재적인 미래 고용주를 염두에 두고 일어날 수 있는 행위를 규제하는 데 있다. 즉, 미래고용을 위한 협상이 예상된다면 공무원은 미래 고용주의 재정적 이익을 가진 과제는 기피(disqualify)하는 것으로 보아야 한다. 따라서 많은 정부기관들이 소속직원들이 미래고용을 협상할 때 기관에 통보해 줄 것을 요구한다.

(4) 퇴직 공무원의 취업·행위에 대한 제한

공무원이 정부기관을 떠날 때는 퇴직 후 활동에 대한 제한(post-employment activities)과 미래 고용을 위한 협상에 대한 제한(nego-tiating for future employment)으로 크게 구분된다. 퇴직 후 활동에 대한 제한은 공무원이 퇴직 전에 다룬 개별 과제 또는 업무들에 초점을 두고 퇴직 후 그 행위와 관련하여 타인을 대리하거나 자문하는 것 등을 규제하는 것이다. 또한 공무원이 공직을 떠나 미래고용을 위해 고용주와 협상하는 것은 정부기관과 계약의 관계에 있거나 직무상 관련 있는 고용주와는 협상을 할 수 없도록 함으로써 공직자의 재취업을 제한하고 있다.

퇴직 공무원의 제한에 대한 기본 원리는 다음과 같다.

첫째, 퇴직 공무원은 정부와 사업을 하려고 하거나 청원을 요청하는 사인에게 불공정한 이익을 제공할지 모르는 근무 중에 얻은 정보와 인맥을 이용해서는 안 된다.

둘째, 공무원이 정부를 떠난 후에는 공직에서 본인이 직접 다룬 특정과제를 다루어서는 안 된다.

셋째, 퇴직 공무원이 미래고용주와 관련된 어떠한 정책결정이나 활동에 참여하는 것은 퇴직을 계획 중인 공무원에게는 바로 이익충돌(conflict of interest)이다.

공무원이 개인적이며 실질적으로 다룬 특정과제(particular matters)는 공직을 떠나서도 영원히 다룰 수 없다. 이 특정과제는 지위고하를 막론하고 모든 공무원에게 적용되며 그 대가(compe- nsation)를 받지 않는 것도 포함한다. 예를 들어 은행감독원 직원이 특정 은행의 장부를 감사했다면 퇴직 후에 해당 은행의 감사과제는 영원히 다룰 수 없게 된다. 그러나 만일 해당 은행의 일반적 회계 과정을 설계하는 것이라면 일 년 냉각기(one year cooling off period)를 거친 후 다룰 수 있게 된다.

일반적으로 퇴직 공무원은 퇴직하기 1년 전에 근무한 직무범위 내에서 생긴 과제에 대해 2년간 타인을 대리할 수 없다. 2년 금지규정은 퇴직 공무원이 개인적이고 실제적으로 연루된 것이 아닌 경우에도 적용된다. 여기서 직무범위(Official responsibilities)란 직무기술 또는 법령, 규정, 문서화된 권한의 표시로 정의된다. 예를 들어 보스턴의 음주, 담배, 무기국의 지역 책임자는 퇴직 후 2년 동안 소속기관에서 기소된 사건을 대리할 수 없다. 따라서 소속기관에서 퇴직 전 1년간 근무한 직무범위 내의 업무가 아니라면 타 지역에서의 대리는 할 수 있다.

예를 들어, Karen은 국가과학재단의 오존층 파괴 관련 연구의 보조금 지급에 대한 패널로 참여하고 있었다. X대학은 연구보조금을 신청한 상태이며 Karen은 대학 측으로부터 교수로 임용할 것을 요청받았다. Karen은 실제 고용과 관련된 토론에 참여하였으며, 이것은 권한 있는 기관으로부터 허가(waiver)를 얻어야 하는 연방형법 18 U.S.C. 208(b)규정을 위반한 것이다.[118] 사례에서 보듯이 새로운 일자리를 원하는 공무원이 특정한 고용 조건을 협상하기 위해서는 미래의 고용주와 현직의 공적인 업무와의 관련성이 전혀 없어야 한다. Karen은 권한 있는 기관의 허가를 받지 않는 한 X대학의 평가에 참여해서는 안 된다.

공무원은 퇴직 후 그 활동에 일정한 제약이 따른다. 제약은 공무원으로 근무하는 동안 직무와 관련된 특정한 단체 및 개인과 관련된 특정한 업무에 적용된다. 연방정부 공무원이 퇴임 1년 전에 맡은 업무는 해당 공무원이 공직을 떠난 후 2년 동안[119] 금지된다. 정부에서 근무한 마지막 1년 동안 해당 공무원의 계속되는 특정업무에 대해 퇴직 공무원은 연방정부 또는 법원 앞에서 다른 사람 또는 기관을 대표해서는 안 된다.

예를 들어, Mary는 국방부를 퇴직하기 전 국방부와 전기회사인 D.O.D계약의 건을 감사하는 업무를 맡고 있었다. Mary는 감사가 본격적으로 시작하기 전에 그만두었으나 감사를 받는 해당 전기회사에 취업하려 하였다. Mary는 객관적으로 감사의 진행 상황에 대해 전혀 알고 있지 못하였으나 감사는 Mary의 공식적 책임 아래

---

118) United States Offices of Government Office, *Ethics Handbook for Executive branch employees* 『*Seeking other Employment*』, p.23.
119) 18 U.S.C Section 207(a)(2).

이루어졌기 때문에 해당 전기회사에는 취업할 수 없다.[120]

　고위직 공무원은 소위 '2년 냉각기(Cooling off)'에 따른다. 고위직 공무원은 공직을 떠난 후 2년 동안[121] 前 부처에는 모습을 나타내지 못하며 정부사업에 영향을 미쳐 특정한 목적을 이루기 위해 타인을 대표해서 前 기관과 접촉할 수도 없다. 특히, 퇴직 고위 공무원이 정부부처에 나타나 외국정부, 외국정당에 자문·대표하는 행동은 공직을 떠난 후 2년 동안은 하지 못한다. 외국과의 계속된 조약협상이나 교역에 개인적, 실체적으로 참여한 공무원은 영구히[122] 해당 업무와 관련된 취업을 못 하는 등 추가적인 제약이 따른다.

　또한, 공무원의 참여가 개인적이며 실제적이라면 같은 업무에 대해 연방정부 앞에서 누군가를 대표해서 일하는 것은 영원히 금지하고 있다. 예를 들어, 5년 전에 Sam은 연방 해양위원회를 떠나 자신의 해양전문 로펌을 세웠다. 최근 K사로부터 위원회를 상대로 하는 업무를 맡아 줄 것을 요청받았다면, Sam은 K사를 대표하여 위원회를 상대로 한 업무를 다룰 수 없다.[123]

　퇴직 공무원은 2년 동안 前 기관에 나타나거나 사업을 할 수 없다. '나타나다(appear)'의 의미는 퇴직 전 기관에 편지를 쓰거나 계약제안서를 준비하여 제출하거나 방문할 수 없다는 의미이다. '사업하다(practicing)'의 의미는 퇴직 전 기관에 고객을 대표해서 사업

---

120) United States Offices of Government Office, *Ethics Handbook for Executive branch employees* 『Restrictions on former employees』, p.24.

121) 18 U.S.C Section 207(b), (c).

122) 18 U.S.C Section 207(a)(1).
　　　5 C.F.R. parts 2637 and 2641.

123) United States Offices of Government Office, *Ethics Handbook for Executive branch employees* 『Permanent ban on certain Activities』, p.24.

을 해서는 안 된다는 의미이다. 또한, 퇴직 공무원에게 보상차원에서 제공되는 공공 관련 사업을 할 수 없다. 이른바 'Back Room' 과제란 퇴직 공무원이 퇴직 전 공공기관에는 직접 나타나지 않고 공공기관에 제출된 서류에 퇴직 공무원의 명단이 없더라도 사실상 영향을 미치는 행위를 말하며 금지된다.

사업의 대상과 목적이 변화할 때에도 주민들에게 동일한 영향을 미칠 때에는 동일한 거래나 사업으로 보며 심지어 기금의 원천과 과정이 바뀌어도 동일한 거래로 본다.

퇴직 공무원이 연방정부나 州·지방정부에 취업하는 경우에는 적용되지 않으며 일상적인 행정적 처리는 적용되지 않는다. 예컨대, 교통국(DMV) 근무자가 퇴직 후 차량등록을 갱신하거나 환경보전국 직원이 퇴직 후 낚시허가를 받는 것은 적용되지 않는다.

1870년대부터 20세기 말까지 공공윤리 전문가들은 전직 공무원들이 정부를 상대로 로비스트로 일하는 데 대해 공정치 못하다는 비판을 제기하였다. 또한 전직 공무원은 근무 당시 공무원들과 우호적인 관계를 이용할 수 있어 더 많은 편의를 제공받을 수 있는 기회를 가질 것이다. 따라서 퇴직 후 취업제한 규정(18 U.S.C. §207 Post-Employment Restrictions)[124]을 위반한 공직자를 '이익충돌' 위반 행위로 기소[125]한다.

---

124) Title 18: Crimes and Criminal procedure(미국 연방 범죄와 형사절차법).

125) 연방법무부의 연방공무원 'revolving door law' 위반 기소 통계(can be found website at www.usoge.gov)
2003년 3건, 2002년 7건, 2001년 1건, 2000년 13건, 1999년 17건, 1998년 60건, 1997－'91 51건.

V. 부패를 부끄럽게 만드는 정책

- Shaming name policy -

크립스(Jerrold Cripps) 호주 뉴사우스웨일스 주 부패방지위원장은 2009. 9 서울에서 개최된 '2009 APEC 반부패 투명성 심포지엄'에서 부패에 연루된 사람들을 부끄럽게 만드는 정책(Shame Name Policy)을 통해 부패를 예방하고 있다면서 부패를 감추는 것보다는 공개하는 것이 궁극적으로 부패를 감소시킨다고 주장하였다.

미국은 1962년 뇌물법(bribery law)과 이익충돌법(conflicts of interest law)을 연방 형법에 통일적으로 규정[126]하게 되었다. 행정부 소속 공무원뿐만 아니라 의원, 연방 판사는 이러한 법을 위반할 경우 미국 법무부 공직 청렴국(The Public Integrity Section of Department of Justice)에 의하여 조사받고 기소된다.

돈 팍스(Don. fox) 미국 정부윤리청 부청장은 '2009 APEC 반부패 투명성 심포지엄'에서 미국은 법령상에서 부패의 개념을 가지고 있지 않으며 공공의 결정은 공공의 이익을 위해 내려져야 하므로 부패의 정의는 윤리정책에 따라 국민적 의식을 반영해야 한다고 밝혔다.

---

126) 미국 연방 범죄와 형사절차법
　　202조: 연방 공무원은 뇌물과 불법적인 선물(gratuities)을 받지 못한다.
　　203조: 연방 공무원은 연방 정부 앞에서 사적인 개인이나 단체를 대변(represent)하며 대가(payment)를 받는 것을 금지한다.
　　205조: 연방 공무원은 보상 여부와 관계없이 연방정부 앞에서 타인을 대변할 수 없다.
　　207조: 연방 공무원은 특정문제에 관해 타인을 대변할 수 없다.
　　208조: 연방 공무원은 자신의 재정적 이익과 관련 재정적 이익충돌을 금지한다.
　　209조: 연방 공무원은 정부로부터 받은 월급 이외에 타인으로부터 이를 보전받는 것을 금지한다(Salary supplementation prohibition).

【표 5-1】 미국 법무부 처리 부패 공무원 분야별 현황(2008년)[127]

범죄 유형	부패발생 사건		피고인		처분		
	신고	종결	신고	종결	유죄	무죄	해고
연방정부	246	219	329	367	321	23	23
연방 조달	38	34	58	75	54	3	9
연방 프로그램	37	42	58	57	50	0	4
연방 법 집행	69	71	103	126	116	3	5
기타	102	72	110	109	101	2	5
주 정부	62	159	248	229	206	15	6
지방자치단체	17	47	129	78	75	2	1
기타 공공기관	53	43	96	101	90	4	3
총 계	539	468	802	775	695	29	33

※ 출처: 미국법무부, Executive office for United States Attorneys, United Stated
Attorney's Annual Statistical report: fiscal year 2008.
※ 2008년 범죄사건(criminal case): 피고인은 85,083명이며 유죄 78,140명, 무죄 5521명

최근 미국 내에서 발생하고 있는 공직 부패는 주로 시민권·비자 및 운전면허 취득과 관련된 것이 다수를 이루었으며, 매년 연방 공무원, 주정부 공무원, 지방 공무원 그리고 경찰 공무원 등 1,000여 명에 이르고 있다.[128]

미국 정부는 공무원의 부패행위는 공익을 해치고 국민의 정부에 대한 신뢰를 저버리는 행위이므로 이들의 부패행위와 이에 따른 처벌결과를 공개함으로써 모든 공무원들에게 사전에 교육적 효과를 갖게 된다. 또한, 새로운 형태의 공무원 부패행위를 예방하기 위한 수단으로 미국 법무부와 연방윤리청의 홈페이지에 해당 공무원의 실명, 공공기관 명, 뇌물 기업명 부패행위 사실의 요지와 재판결과를 게재하여 공개할 수 있도록 하고 있다.[129]

---

127) Sourcebool of criminal Jusfice statistics onlin http://www.edu/sourcebook

128) Robert S. Muller F.B.I 국장의 상원 정보위원회의 증언(Feb. 16. 2005).
　　2004~2005년간 연방공무원 177, 주정부 공무원 158, 지방정부 공무원 36명, 경찰관 365명이 각종 비리로 처벌받았으며, 2005년 한 해 동안 890건의 기소로 759명이 유죄 판결을 받았으며 2,118건이 계류 중인 것으로 나타났다.

【표 5-2】 한국과 미국의 청렴위반 공직자 공개내용

	미 국	한 국
부패공직자 실명공개	○	×
법령위반 부패행위사실 요지	○	×
소속 정부기관	○	×
뇌물 제공자	○	×
재판결과	○	×

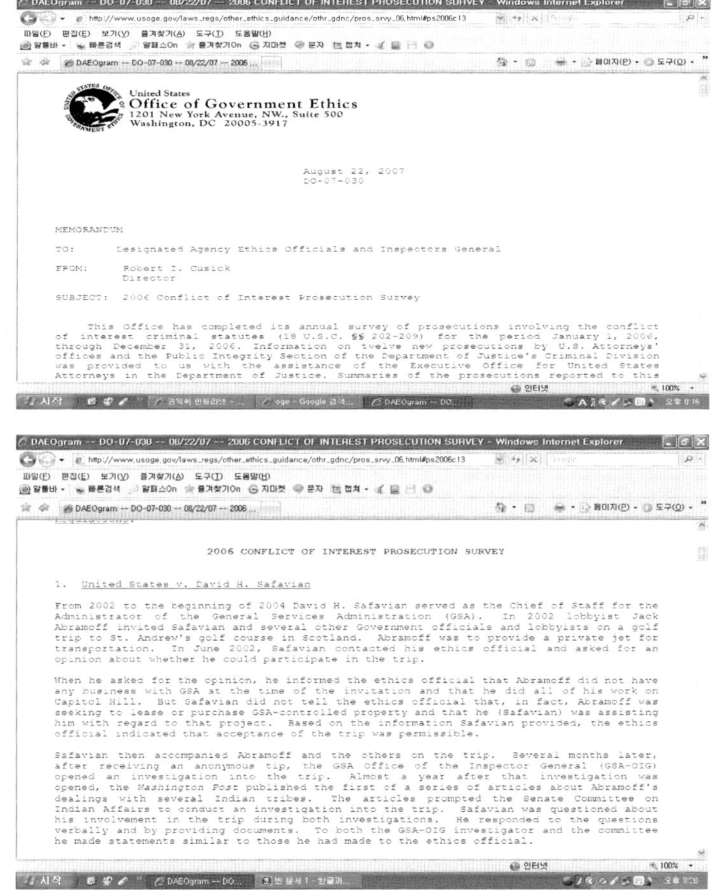

【그림 5-1】 미국 연방윤리청의 부패 공직자 공개 홈페이지
미국법무부의 공직청렴국(public integrity section)의 연례보고서

---

129) 곽형석, 한국과 미국의 청렴정책의 효과성에 대한 비교연구, 한국정책학보, 2008년.

1. 미국 정부의 부패정책

정부스캔들은 뇌물법과 보수의 보전 행위 및 거짓된 재산등록 등과 같은 이익충돌법을 위반한 공무원의 범죄들에서 발생한다. 정부 부패수준에 대한 가장 중요한 척도는 바로 이러한 법령에 따른 검찰의 기소와 유죄의 문제로 귀결된다. 따라서 미국에서의 부패스캔들은 뇌물에 국한되지 않으며 윤리기준의 위반사항에 대한 처벌의 문제를 불러오게 되었다. 워싱턴에서 정부스캔들은 청렴에 대한 더 강력하고 설득력 있는 경고로 받아들여지고 있으며 청렴한 사회를 유지하기 위해 정부는 많은 윤리규정을 두었고 그 집행을 감시하고 따르게 하기 위해 많은 비용을 지불하고 있다. 표에서 보는 것처럼 연방 정부는 윤리규정의 준수를 위해 많은 비용을 지출하고 있다.

【표 5-3】 정부윤리정책 수행 기관 현황
(Budget Outlays of Agencies on Ethics Policy Functions)

2005

기관명	지출($)	직원 수
정부윤리청(Office of Government Ethics)	9,000,000	72
감사관(Offices of Inspectors General)	1,300,000,000	11,000
인사관리처(Office of Personnel Management)	211,000,000	3554
실적보호위원회(Merit Systems Protection Board)	29,000,000	310
특별심사청(Office of Special Counsel)	10,000,000	106
법무부 공직 청렴부서(Public Integrity Section, Department of Justice)	5,617,000	31

※ Source: For outlays, *Budget of the United States Government, FY 2002.*
※ FBI 직원 수와 예산현황은 포함되지 않음.

윤리 법령이 강화되면 될수록 윤리행위 위반 범죄를 찾아내고 처벌하는 사례가 많아지며, 정부 윤리적 주제들에 대해 가장 강력하고 설득력 있는 증거를 더 많이 갖게 되었다. 잠재적 위반자들은 공공의 신뢰(public trust)를 깨뜨림으로써 높은 비용을 지불하게 된다. 따라서 정부 청렴성(government integrity)에 영향을 미치는 좀 더 명료한 증거로 이러한 법 아래서 이루어지는 기소의 유형을 살펴보는 것은 중요하다. 250만 명 이상의 연방공무원들을 상대로 발생하는 윤리 행위 위반 기소 빈도는 동시대적인 정부 청렴성을 나타내는 얼마간의 척도임에 틀림없다.[130] 기소의 변화 유형으로 해마다 연방공무원이 공공부패로 기소된 수가 점차 증가하고 있다. 1970년 9명에서 1999년 480명으로 증가하였다. 과거에 비해 더 많은 공무원의 부패가 있다는 견해가 제기될 수 있다. 그러나 그러한 견해는 잘못된 것일 수 있다. 왜냐하면 1983년의 기소의 엄청난 증가는 부패사건의 변화나 기소의 변화를 반영하지 않은 것이며 공공부패에 대한 새로운 정의가 적용되었기 때문이다. 1976년 설치된 법무부의 공직 청렴국은 정부에서 윤리 관련 범죄(ethics-related crimes)의 모든 기소를 총괄한다. 1983년 법무부는 공직 부패에 대한 새로운 지침을 부여하였다.

공직 부패 사건은 공무원에 의하여 행하여지는 공직 남용(*abuse of office*)과 관련된 사건을 포함토록 하였다. 하위직 공무원의 비위행위 혹은 사소하고 미미한 행위라도 공직과 관련된 법령 위반 행위에 초점을 맞춘다. 따라서 그 위반은 공무원에게 부여된 국민신뢰(*public*

---

130) G. Calvin Mackenzie & Michael Hafken, *Scandal proof: Do Ethics laws make Governmen Ethical*(The Brookings Institution, 2000), p.103.

1983년 급격한 공직 부패 사건의 증가는 공직 부패 정의의 변화를 반영한 것으로 기소의 효과성이나 열의는 아니다.

【표 5-4】 미국 부패공무원 범죄 통계

(1973 - 2007)

	총			선거 또는 임명직 공무원 연방			주			지방			기 타		
	기소	재판 중	유죄	기소	재판 중	유죄	기소	재판 중	유죄	기소	재판 중	유죄	기소	재판 중	유죄
1973	191	18	144	60	2	48	19	0	17	85	2	64	27	14	15
1974	305	5	213	59	1	51	36	0	23	130	4	87	80	0	52
1975	294	27	211	53	5	43	36	5	18	139	15	94	66	2	56
1976	391	199	260	111	1	101	59	30	35	194	98	100	27	70	24
1977	535	210	440	129	32	94	50	33	38	157	62	164	199	83	144
1978	530	205	418	133	42	91	55	20	56	171	72	127	171	71	144
1979	579	178	419	114	21	102	56	29	31	211	63	151	198	65	135
1980	727	213	602	123	16	131	72	28	51	247	82	168	285	87	252
1981	808	231	730	198	23	159	87	36	66	244	102	211	279	70	294
1982	813	186	671	158	38	147	49	18	43	257	58	232	349	72	249
1983	1,076	222	972	460	58	424	81	26	65	270	61	226	265	77	257
1984	931	269	934	408	77	429	58	21	52	203	74	196	262	97	257
1985	1,157	256	997	563	90	470	79	20	66	248	49	221	267	97	240
1986	1,208	246	1,026	596	83	523	88	24	71	232	55	207	292	84	225
1987	1,276	368	1,081	651	118	545	102	26	76	246	89	204	277	135	256
1988	1,274	288	1,067	629	86	529	66	14	69	276	79	229	303	109	240
1989	1,348	375	1,149	695	126	610	71	18	54	269	122	201	313	109	284
1990	1,176	300	1,084	615	103	583	96	28	79	257	98	225	208	71	197
1991	1,452	346	1,194	803	149	665	115	42	77	242	88	180	292	67	272
1992	1,189	380	1,081	624	139	532	81	24	92	232	91	211	252	126	246
1993	1,371	403	1,362	627	133	595	113	39	133	309	132	272	322	99	362
1994	1,165	332	969	571	124	488	99	17	97	248	96	202	247	95	182
1995	1,051	323	878	527	120	438	61	23	61	236	89	191	227	91	188
1996	984	244	902	456	64	459	109	40	83	219	60	190	200	80	170
1997	1,057	327	853	459	83	392	51	20	49	255	118	169	292	106	243
1998	1,174	340	1,014	442	85	414	91	37	58	277	90	264	364	128	278
1999	1,134	329	1,065	480	101	460	115	44	80	237	95	219	302	89	306
2000	1,000	327	938	441	92	422	92	37	91	211	89	183	256	109	242
2001	1,087	437	920	502	131	414	95	75	61	224	110	184	266	121	261
2002	1,136	413	1,011	478	119	429	110	50	132	299	118	262	249	126	188
2003	1,150	412	868	479	129	421	94	38	87	259	106	119	318	139	241
2004	1,213	419	1,020	424	98	381	111	48	81	268	105	252	410	168	306
2005	1,163	453	1,027	445	118	390	96	51	94	309	148	232	313	134	311

---

131) U.S. Department of Justice, Criminal Division, Public Integrity Section, "*Report to Congress on the Activities and operations of the public integrity section*", mimeograph(1989), p.26.

| | 총 | | | 선거 또는 임명직 공무원 | | | | | | | | | | | 기 타 | | |
| | | | | 연방 | | | 주 | | | 지방 | | | | | | | |
	기소	재판 중	유죄	기소	재판 중	유죄	기소	재판 중	유죄	기소	재판 중	유죄			기소	재판 중	유죄
2006	1,150	439	1,030	463	112	407	101	38	116	291	141	241			295	148	266
2007	1,141	487	1,014	426	116	405	128	65	85	284	127	275			303	179	249
2008	1,304	175	1,129	518	117	458	144	61	123	287	127	246			355	184	302

Source: U.S. Department of Justice, Criminal Division.

http://www.albany.edu/sourcebook/pdf/t5792005.pdf
* 공직 남용(Abuse of public office): 뇌물, 이익충돌, 정치자금법·선거법위반 등
* 범죄관련 민간인: 공무원은 아니며, 공직을 부패하도록 하는 데 참여한 민간인

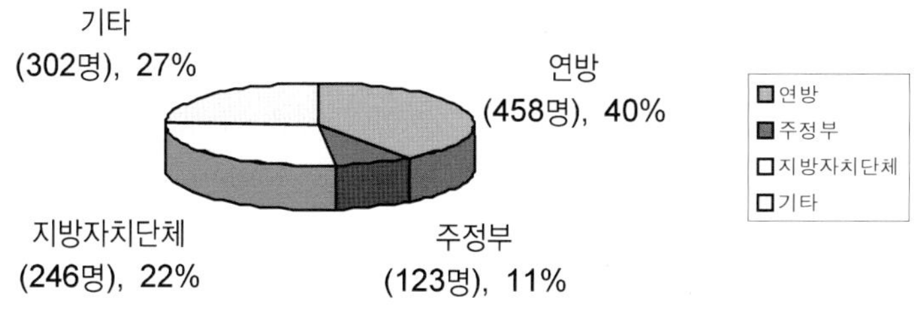

【그림 5-2】 2008년도 미국 부패 공무원 현황

또 다른 시각에서 처벌된 공직 부패의 척도는 인적·물적 자원(resource)의 변화를 반영하고 있다.

공직 부패 사건을 조사하고 처벌하기 위해 부패를 찾는 기관 및 조사 직원 수에 의해 영향을 받는다. 기관이나 직원의 수가 많을수록 처벌 기회는 증가하기 때문이다. 조사, 처벌, 유죄인정 협의, 재판하는 검사는 1963년 653명, 1980년 1,695명, 1990년 3,000명, 2000년 4,800명으로 증가하였다. 또한 윤리 및 부패행위를 감시하는 각 부처의 감사(Inspectors general)의 수가 증가하였다. 1983년 3,503명, 1990년 4,216명, 2000년 11,000명으로 증가하였다. 정치 부패를 조사하는 FBI 직원 수가 1970년 7,600명에서 1999년 11,646명으로

증가하였다.[132) FBI는 워터게이트 사건을 계기로 공공부패 조사에서 탁월성을 보였으며 FBI는 모든 공공부패의 사건들에 대한 증거를 모아 법무부의 공직 청렴부서의 책상에 올려놓았다. 1980년대부터 FBI는 단순한 증거수집에서 공직자의 청렴성을 검증하기 위한 기법들을 마련하였으며 공공부패와 전쟁을 시작한 것이다.

정부스캔들은 분명 전부 공공 부패는 아니다. 그럼에도 불구하고 미국에서 더 많은 정부스캔들 소식과 기소는 공공 부패의 개념의 확대로 이어졌으며 점차 더욱 확대되고 있는 추세이다.

1990년대 이후 연방공무원 270만 공무원(Full-time civilian employee) 중 매년 평균 503명의 공무원부패 범죄는 대수롭지 않을 수 있다. 매년 미국에서 발생하는 2,000만 건 이상의 범죄에서 1,000만 명이 체포되고 130만 명이 교도소에 수감되는 현실을 감안할 때 더욱 그러하다. 이러한 객관적 분석에서 연방행정부는 분명 범죄 없는 지역(crime-free zone) 중의 하나임에는 틀림없다.

---

132) G. Calvin Mackenzie & Michael Hafken, *Scandal proof: Do Ethics laws make Governmen Ethical*(The Brookings Institution, 2000), p.106.

2. 스캔들 사례

미국에서 정치적으로 중요하고 일반국민들의 관심이 지대한 사건에 대해 스캔들(Scandal)이란 용어를 사용한다. 이 용어는 사전에 부당한 행동(wrong‒doing)으로 주장되거나 불명예(disgrace) 및 도덕적 분노를 가져오는 가장 광범위한 사건을 일컬을 때 사용된다. 어떤 사건이 사실에 근거하여 일어날 수 있으며, 잘못된 주장에 의하여 이 모두가 섞여서 만들어질 수도 있다.

일반적으로 스캔들은 공직 부패 스캔들은 물론, 정치적 스캔들, 섹스 스캔들, 기업 스캔들(회계부정 포함), 학문적 표절스캔들, 스포츠 스캔들(올림픽 스캔들)로 광범위하게 적용된다. 몇몇 스캔들은 내부 고발자에 의해 드러나기도 하며 무죄 혐의에 대해 마녀사냥식(witch‒hunt)으로 전개되기도 한다. 때때로 스캔들을 덮으려는 시도가 실패하여 더 큰 스캔들로 비화되어 나타나기도 한다.

스캔들과 동일한 의미로 '게이트(gate)'라는 말이 있으며 미국에서 1970년 초에 워터게이트 스캔들에서부터 유래하였으며 사건이 복잡성(complex)을 띠었을 때 사용하기 시작하였다. 따라서 국민들의 관심이 큰 사건들에 대해 '스캔들'이나 '게이트'라는 용어를 자연스럽게 붙여서 사용한다.

"주지사, 주 윤리 위원에게 고발당하다"

Coin gate: Ohio 주지사(2005 ~ 2006)[133]

1804년 발행된 1달러 은화가 경매시장에서 2009. 5. 2백3십만 달러에 팔렸다.[134]

2005년 여름부터 미국 정가를 뜨겁게 달군 사건이 이른바 'coin-gate' 스캔들이었다. 이 스캔들의 당사자는 미국 공화당의 명망 있는 정치가문인 Taft家의 촉망받던 정치인으로 국무부장관을 지낸, 오하이오 주지사 밥 태프트(Bob Taft)였다. 그의 아버지와 할아버지는 오하이오 주의 상원의원이었으며 증조할아버지 William Howard Taft는 미국의 대통령이었다. 따라서 그의 부패 혐의에 대한 유죄 여부는 가문의 명예와 공화당 내에서의 자신의 정치 생명을 좌우

---

133) see, e.g., "Ohio Governor fined for ethics law violation", U.S.A. Today, Aug 18, 2005, p.A1.

134) go online to www.HA.com/CSNS.

하는 매우 민감한 것이었다.

태프트 주지사는 공화당의 정치 후원자이며 오랫동안 친분이 있었던 코인 딜러 사업가인 톰 노이(Tom Noe)가 운용하는 희귀한 코인 사업(rare coins fund)에 주보건국 공공기금 5,000만 달러를 투자하였으나 사업부진으로 1,300만 달러의 기금손실을 가져왔으며, 딜러 업자 노이가 400만 달러를 횡령한 사실이 드러났다.

이에 대해 주지사가 임면하는 州 윤리위원회(Ethics Commission)는 주 윤리법상 75달러 이상의 선물을 받을 때는 반드시 신고하도록 되어 있는데 주지사는 코인 딜러 업자로부터 골프, 식사, 프로하키티켓 등 52건 5,800달러에 대한 신고를 누락한 사실을 밝혀내고 검찰에 고발하였다. 법원은 주지사가 주 윤리법을 위반한 혐의에 대해 유죄를 인정하고 4,000달러의 벌금과 오하이오 주민에 대한 사과를 명령하였다.

특히, 이 사례는 주지사가 임명한 윤리위원들로부터 임명권자의 윤리적 행위 위반 사실이 드러나고 판결에 의하여 유죄를 결정받은 것이다. 제도가 어떻게 운영되는지 제도와 운영의 조화를 잘 보여 주는 사례이다.[135]

---

135) 주지사의 보좌관 힉스 스토리 "밥 태프트 주지사의 보좌관인 브라이언 힉스는 플로리다에 있는 노이의 수백만 달러 주택을 빌려 여행하였으나, 그 사실을 보고에 누락하여 1,000달러의 벌금형을 선고받았다."

"부패 약속만으로도 처벌?"

매관매직(pay to play) 스캔들: illinoi 주지사

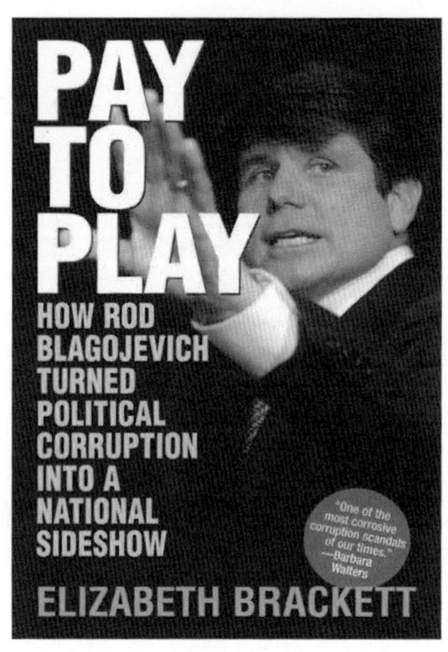

민주당 소속인 라드 블라고예비치(Rod Blagojevich) 일리노이 주지사가 오바마 대통령의 당선으로 공석이 된 연방 상원의원직을 돈을 받고 팔려다 패트릭 피츠제럴드 검사에 의해 체포되어 독직, 사기, 뇌물교사 혐의 등으로 기소되었다. 미국의 대다수 주들은 법에 따라 주지사들에게 연방의원직이 공석일 경우 후임을 임명할 수 있는 권한을 부여하고 있다. 이번 부패사건이 드러난 건 연방수사국에서 법원허가를 얻어 한 달 동안 주지사의 선거사무소에 대한 전화 감청에서 "돈을 벌길 원한다. 내가 관여할 재단에 수백만 달러를 기부하는 사람에게 상원의석을 팔겠다."고 말했기 때문이

다. 이후 블라고예비치 주지사는 공직 사퇴를 거부했지만 주 의회
에서 탄핵했다.

한국언론재단에서 2009년 9월 스웨덴 법무부를 방문할 때 반부
패 담당자는 부패을 약속 하거나 약속을 받아들이는 것만으로도
부패를 인정한다고 밝혔다. 왜냐하면 받는다고 약속한 사람의 경우
NO라고 할 수 있는 기회가 있었음에도 하지 않았기 때문이다. 약
속만 하는 것도 부패로 보고 처벌하는 것은 중요한 사실이다. 실제
로 약속이 이뤄졌는지 이뤄지지 않았는지는 중요하지 않으며 약속
과 함께 실제로 뇌물을 받았다면 처벌은 더 커지게 된다. 뇌물의
형태는 현금, 상품권, 물품, 여행, 보너스, 음식, 레스토랑, 기준보다
많은 월급, 할인 등 모든 것이 다 부패에 포함된다. 제일 어려운
문제는 어디에 선을 긋고 뇌물인지 아닌지를 판단하느냐 하는 것
이다. 부패를 막기 위한 가장 좋은 방법은 예방을 하는 것이며 뇌
물을 주는 사람과 받은 사람 간의 옛 관계를 깨는 게 관건이다.

미국 FBI 인장: 충성(Fidelity), 용기(Bravery), 청렴(Integrity)을 모토로
1908년 설립. 2008년 현재 30,847명 연간 6조 4,000억 원 지출.

공직자의 재산등록 신고 위반 사례

■ United State V. Erik B. Blowers: 2006. 6.[136]

블라워는 1989년부터 FBI에서 근무해 왔으며 1996년 North Carolina의 Charlotte 지역의 책임자로 근무하게 되어 공직자 재산등록 대상자(Financial Disclosure report OGE Form 450)에 해당되었다. 재산등록 규정에는 등록 직전 해에 외부로부터 받은 선물(gift)과 여행경비(travel reimbursements)가 총 260달러 이상이면 신고하도록 되어 있었다.

1996년 4월부터 FBI와 국세청(IRS) 합동으로 시모니(David Simoni)의 조직 도박과 자금 세탁 혐의를 조사하고 있었다. 이후 2년 동안 FBI는 시모니와 협력하였으며 FBI를 대표하여 브라워가 직접 시모니와 접촉하였다. 1999년 2월 FBI는 브라워를 책임자로 한 Charlotte 지역 사기범죄조사단(The Collar Crime Suad)이 구성되었으며 시모니의 재정사기 혐의도 조사하게 되었으나 조사 결과 무혐의로 결정하였다.

2000년 4월과 8월 두 차례에 걸쳐 시모니의 초청으로 라스베이거스를 여행하였다. 이때 여행 경비는 시장가치(market value) 6,000달러로 재산등록 대상이었으나 그 신고를 누락하였다.

2006. 6. 15. 블라워는 18 U.S.C.§1001(A) 규정에 의해 기소되어 유죄인정합의(plead guilty) 후 FBI직을 사임하고 2년의 집행 유예

---

136) United States Offices of Government Office, *2005 Conflict of Interest Prosecution Survey*, January 26, 2006.

(probation)와 400시간의 사회 봉사명령(community service)을 선고 받았다.

공직자의 직책과 이름의 사적 사용 사례

: 2005. 6.[137)]

라스베이거스의 시장 ○○○은 라스베이거스의 변호사인 아들에게 자신의 이름을 로펌에서 사용하도록 하였다. 시장은 네바다 주의 윤리법을 위반한 혐의를 받았다. 네바다 주 대법원은 공무원이 로펌회사의 구성원으로 활동하지 않는 한 로펌회사의 공식문서(letterhead)에 공무원의 명단을 사용하지 못하도록 하고 있다. 네바다 주의 이익충돌 규정은 공무원이 공적 책임과 관련된 문제에서 사인이나 집단을 대표(representing)하는 것을 금지하고 있다.

그럼에도 불구하고, 이러한 시장의 행동은 공직의 신뢰를 떨어뜨리는 것이었다. 그 아들의 고객들은 아버지의 공직으로부터 어떠한 혜택을 받아서는 안 된다. 문서상단에 의도적으로 시장인 아버지의 이름을 올리는 것은 고객들을 유치하려는 의도가 있는 것이다. 직업 공무원은 비록 그가 변호사 활동을 일시적으로 계속할 수 있도록 허락받았어도 그의 이름을 로펌에서 사용하도록 빌려 주어서는 안 된다.

---

137) Legal Affairs, The Prudent Jurist *2005 William H. Simon Columbus Law School.*

백지신탁 스캔들

■ 상원의원 Bill Frist(2005~2006)

2008년 유력한 대선 후보로 예상되었던 상원 공화당의 대표였던 Bill Frist는 백지신탁과 관련하여 부적절한 재정적 거래(improper financial dealings) 혐의로 조사를 받았으며 사실상 대선출마를 포기하고 정계은퇴의 길을 선택한다.

Bill Frist와 그의 가족의 백지신탁 자산은 13개이며 총자산가치가 7백만 달러에서 3,500만 달러에 이르고 있었다. 수년 동안 Frist는 직접 의료개혁과 국민 의료문제에 대한 입법 활동을 하였으며 병원을 운영하는 회사 HCA(Frist의 아버지와 형 소유의 병원회사) 주식을 소유하면서 비난을 받았으나, 자신의 주식을 백지신탁하면서 직접 자신이 자산을 통제하지 않음으로써 비난을 모면해 왔다.

Frist는 자신의 주식을 매각할 것을 피신탁인에게 요청하여 주당 $58.4일 때 매각하여 1억 1천2백만 달러의 수익을 얻었으나, 공교롭게도 이 매각 시점은 HCA의 낮은 운영수익을 발표하기 전에 이루어진 것이었다. 따라서 법무부와 증권선물위원회는 HCA 운영수익 결과 발표 후 주가가 $45.0로 하락한 것에 주목하고 내부공모(insider trading) 혐의를 조사하게 되었다.

이러한 사실은 Bill Frist 상원의원이 정기적으로 수탁자로부터 거래의 세부사항에 대해 보고를 받아 왔으며 HCA의 회사주식을 사고팔 때 수탁자로부터 보고를 받아 온 의혹을 사기에 충분했다.

Bill Frist는 완전한 백지신탁이었다고 주장한다. 즉 2001년부터

2005년까지의 수탁자의 보고는 상원윤리위원회에 보고했으며, 이익충돌을 야기하는 신탁자산의 매각을 수탁자와 상의한 것은 상원의 규정이 허용하는 범위 내의 행위였다고 주장한다.

그러나 여론은 Bill Frist가 정기적으로 수탁자로부터 세부거래 사항을 보고받았다면 사실상 백지신탁은 아니며 상원으로서의 공직의 지위를 이용해 어떻게 공공정보(Public information)를 사용했는지, 어떻게 이익충돌(conflict of interest)을 위반(appeareance)했는지에 대해 철저한 조사가 있어야 한다고 하여 논란이 제기되었다.

이를 계기로 많은 전문가들은 이익충돌을 예방하는 데 효과적인 방어수단(effective safeguard)인 백지신탁이 실효성을 갖출 수 있는 강력한 법집행체제를 갖추어야 한다고 주장한다.

독립검사가 장관의 선물로비 의혹 조사

■ United State V. Mike Espy 1998[138]

1994년 클린턴 행정부의 농림부 장관으로 미시시피주 연방 하원의원인 에스피(Mike Espy)가 임명되었다. 그는 최초의 흑인 농림부 장관으로 언론의 관심을 받았으나 규제를 받고 있는 식품회사들로부터 Arkansas와 Texas 여행시 7,000달러의 부적절한 선물(improper gifts)을 제공 받고 카우보이 티켓과 회사 비행기를 이용하는 등 선물로비에 휩싸여 사임하고 만다.

---

138) Washington Post , Oct 4, 1994. *"Agriculture secretary Espy resigns"*
www.washingtonpost.com "Espy acquitted in gifts case"

백악관은 정부의 규제대상인 기업으로부터 선물을 받은 것은 공정한 업무를 수행할 수 없으므로 스스로 기피(recuse)해야 한다는 입장을 밝혀 장관직을 사임하는 것으로 매듭지으려 하였으나 여론은 들끓고 있었다.

에스피를 조사하기 위해 스몰츠 (Donald C. Smaltz) 독립검사가 임명되고 에스피는 식품회사와 로비스트로 부터 선물과 향응을 받은 30가지 부패혐의로 기소 되었다.

4년동안 계속된 지루한 조사는 1998년 법원의 판결로 마무리 되었다. 배심원들은 3만 5,000 $ 달하는 선물의 성격을 법이 허용하는 우정과 개인적인 선물이었다며 무죄로 판결하였다.

재판 후 스몰츠검사는 사과를 일축하며 " 그런 행동을 한 공직자는 유죄의 판결 못지 않게 기소 역시 실질적인 예방효과가 있다. 뇌물이 공직 신뢰를 떨어뜨리는 것처럼 국민들에게 부적절하게 보이는 행위(appearance of improperty) 역시 같다." 고 주장 하였다. 실제 에스피장관이 선물과 향응을 받은 기업들은 농림부로부터 규제를 받고 있던 기업들이었으며 몇몇 기업들은 검찰과 유죄인정 협의 후 벌금까지 냈다.

언론은 4년간 1,700만 $을 사용 했으면서도 유죄를 이끌어 내는데 실패한 독립검사제도에 대한 개혁의 필요성을 제기 하였다.

공무원의 향응, 선물, 여행경비 지원 접대 스캔들

▣ United State *v.* Patricia Raikes: 2005. 6[139]

○○○는 레바논 주재 미국대사관의 영사업무책임자로서 비자 발급과 대사관 영사업무에 대한 감독업무를 담당하고 있었다. 당시 일반국민에게 관광비자 발급이 제한되었으며 유일하게 비자를 발급할 수 있는 대상자는 기존에 미국비자를 발급받은 적이 있으며 60세 이상인 사람만 해당하였다.

○○○는 레바논 출신 미국인 사업가 A와 친구가 되었고, A로부터 사업가 B를 소개받았으며 사업가 B의 지원으로 라스베이거스에 여행하였으며, 2000년에는 대학기금 모금을 위해 파리에서 라스베이거스까지의 여행경비(2,400달러)를 지원받았다. 2000년 9월 ○○○는 사업가 B와 관련된 19명의 관광 비자를 발급하였다. 이 중 17명은 이전에 미국비자를 받은 적이 없는 부적격자들이었다.

또한, ○○○는 사업가 B로부터 사업가 C를 소개받은 후 C로부터 아이오와에서 라스베이거스까지 가족을 동반한 여행경비(1,600달러)를 지원받은 후 4명의 부적격자에게 관광 비자를 발급하였다.

2005. 4. 28. ○○○는 18 U.S.C.§209(A) "공무원은 미국 정부로부터 받은 정부 급료를 제외하고 외부로부터 받은 어떠한 보상(compensation)으로서의 보조(supplement)를 받는 것은 불법이다."라

---

139) United States Offices of Government Office, *2005 Conflict of Interest Prosecution Survey*, January 26, 2006.
이익충돌법(conflict interest of law) 위반 사건은 법무부 공직윤리부서(The public integrity section of justice's criminal division in the Department of Justice)에서 담당한다.

는 규정에 의해 기소되어 유죄인정합의(plead guilty) 후 2005. 6. 1
년의 집행 유예와 3,000달러의 벌금형을 선고받았다.

공무원의 외부활동(*Outside activities*)의 위반 사례

◼ United States v.. James Burton 2005. 10[140]

미국 테네시 유역의 홍수조절과 내륙수운 개선 및 전기생산을 위해 테네시 강 유역의 여
러 정부기관을 통합, 1933년 TVA(Tennessee Valley Authority)를 설립했다(사진은
테네시 강의 댐).

  공무원이 부업을 하거나 공적 업무 밖의 일을 하는 데 대한 감
독체계는 엄격하다. 모든 공무원은 지위 고하를 막론하고 직무와
관련된 외부 활동으로 이득을 취할 수 없다. 고위공무원(GS-15수준
이상)은 직무와 관련이 없더라도 외부활동을 통해 년 소득 15 %
이상을 넘는 소득을 취할 수 없다. 일반공무원은 이런 제약은 없으

---

140) http://www.usoge.oge

나 직무관련성은 엄격하게 따진다.

켄터키에 있는 연방공기업인 테네시 계곡관리공사의 (TVA)의 발전소 기술계약관리자인 ○○○는 계약업무를 감시하는 지위에 있었다. ○○○는 TVA와 계약자 중의 하나인 Martin사에 시간제(part-time)관리자로 고용되었다. 그는 비번이거나 휴가 중에 Oklahoma와 Indiana에 계약자로도 일했다. TVA와 계약관계에 있는 업체를 상대로 부업을 하였다는데 문제가 있었다.

조사 결과 ○○○는 소속기관인 TVA의 윤리담당관에게 외부활동에 대한 자문을 구한 적이 없었다. 2005.10 검찰은 유죄인정 합의(plead guilty)하여 1,000달러의 벌금을 받았으며 파면 당하였다.

회전문법(*Revolving door law*) 위반 사례

■ United states *v.* Young Lee: 2005. 7.[141)]

v. Lorn Mac Umber

한국인 ○○○는 정보체계 지원회사인 ISS의 사장이었으며 맥(Mac Umber)은 부사장이었다. ISS는 한국에 있는 미군을 포함해 미국 연방정부의 정보기술과 로지스틱스 및 커뮤니케이션을 제공했다. 2000년 말에 한국인 ○○○은 한국의 정보 시스템(GCCCS: Global Command and Control System)을 포함해 17,000개의 군 계약 시 감독자인 M 대령을 소개받았다. M 대령은 은퇴를 생각하고 있고 은

---

141) United States Offices of Government Office, *2005 Conflict of Interest Prosecution Survey*, January 26, 2006.

퇴 후 근무할 사기업을 찾고 있었다.

2001년 4월부터 M 대령은 직접 ISS가 관련된 계약을 다루지는 않았지만 계약에 대해 e-mail, 대화를 교환하였다. 2001년 M 대령은 ISS을 방문하였으며 한국인 ○○○ 사장은 M 부부를 한국으로 초청하여 식사 등을 제공하였다. 이 과정에서 구두상으로 GCCS-K계약에 대해 제안 설명을 하였다. 군 기술 전문위원회는 GCCS-K계약을 ISS사의 경쟁사에게 줄 것을 권고하였다. 그러나 M 대령은 이 권고를 거절하고 부하직원을 지정하여 조달청(GAS: General Services Administration)에서 조달토록 하여 2001. 7. 사업자로 ISS를 선정하였다.

M 대령은 2002년 퇴직을 고려하던 중이었으며 연봉 12만 5천 달러를 받고 ISS에서 일하기로 협의하였다. 그러나 군 수사기관(Army CID)은 M 대령의 워싱턴 집을 다른 것으로 압수수색하다가 계약과 관련된 사실을 적발하였다.

2003년 7월 M 대령은 54개월의 징역형을 선고받았고 그의 부인은 한국에서 입국할 때 1만 달러를 신고하지 않은 허위문서죄로 유죄를 선고받았다. 2005년 7월 M 대령은 공직에 근무하면서 미래의 고용기회의 협상을 금지한 이익충돌 위반행위에 유죄인정합의(plead guilty) 후 2년의 집행유예(probation)와 3,000달러의 벌금을 선고받았다.

■ United states *v.* Vincent Spino

○○○는 국세청에서 '95-'97 Jamaican Gourmet Products사의

세금을 담당하였으며, 2002년 퇴직 후 컨설팅사를 운영하며 동 회사를 대리하여 국세청에 나타나(appearing) '95 – '99년간의 세금문제를 다루며 서신을 국세청직원에 전달해 세금경감을 시도하였다.

○○○는 2002. 9. 미국 국세청을 퇴직 후 자신이 재직 중에 개인적·실질적으로 다룬 사건에 타인을 대표하여 정부 앞에 나타나거나(appearing) 전 동료들과 접촉하는 것을 금지하는 이익충돌·규정을 위반하여 1년 집행유예와 $1,200 벌금, 50시간의 사회봉사 명령을 받았다.

공공조달 청렴법[142](Procurement Integrity Act) 위반 사례

◼ United Stafes V. Honbo, District of Columbia

주한 미군 용산기지에서 근무한 군무원인 Honbo는 2008년 자신의 지위를 이용하여 공공입찰평가와 선정자료에 접근하였다. 용산기지의 입찰을 따내려는 다국적 컨소시엄 회사 소속 컨설턴트에게 민감한 입찰 정보(sensitive bid evaluation)을 제공했다.

그는 연방조달청렴법(procurement Integrity Act)위반으로 유죄인정 후 컨소시엄에게 입찰경쟁에 유리한 정보를 준 사실을 시인했다.

2008년 10월 집행유예 3년, 150시간 사회봉사명령과 2,500$의 벌금을 부과 받았으며, 향후 3년 동안 미국정부의 공직취임 기회를 박탈하였다.

---

142) 연방조달청렴법(procurement Integrity Act of 1996)은 공공기관 입찰과정에서 입찰정보 제공, 뇌물제공 등 부패행위에 대해 형사벌로 5년이하 징역 및 벌금을 부과하고 위반행위별로 5~500만달러의 과징금, 행정벌로 입·낙찰 취소, 해지, 계약정지 등 제재

VI. 맺음말

1. 미국의 청렴 정책의 효과

지난 20세기 40여 년간 미국연방정부의 청렴정책은 "정부청렴성에 대한 국민의 신뢰는 정부정책에 대한 국민의 지지를 얻는 필수적인 것이다."라는 슬로건에 의해 지지되었다. 청렴은 공무원의 행동을 규제하는 명확하고 강력한 규칙에 의하여 증진될 수 있다.[143] 즉 미국정부는 공무원의 행동과 결정에 대한 더 많은 규칙, 지침, 그리고 제약이 있을수록 정부의 청렴성은 올라가고 정부에 대한 국민의 신뢰는 증가한다는 신념 아래 이루어져 왔다. 그러나 다른 한편에서 증가된 규제는 공직사회가 더욱 부패해졌다고 비춰질 수 있다. 예컨대 윤리개혁을 이루었다고 평가받는 J. F. Kennedy 또는 Johnson 행정부의 공무원들은 현재의 행정부의 공무원보다 훨씬 더 공공의 이익에 헌신했던 것인가? 그 당시 윤리기준과 규정의 관점에서 스캔들은 거의 존재하지 않았다. 그러나 새로운 윤리규정의 홍수 속에서 당시에는 합법적이었던 것이 오늘날 불법적인 것이 되는 경우가 많아졌다.

새로운 규제가 정부의 청렴 수준을 낮춘 것인가? 이러한 질문에 확실히 답할 수 없다. 왜냐하면 합법적이었던 많은 행위들이 지금은 불법이 되었기 때문이다. 따라서 평범한 미국인들은 정부 내에

---

143) G. Calvin Mackenzie & Michael Hafken, *Scandal proof: Do Ethics laws make Government Ethical*(The Brookings Institution, 2000), p.112.

서 부패가 어느 정도 발생하였는지를 모른다. 국민들은 강화된 윤리규정으로 인해 더 자주 부패한 뉴스들을 접하게 되며 그 어느 때보다 공무원들이 청렴하지 않다고 느낄 수 있다.

윤리규정과 윤리수준과의 경험적 관계를 밝히기는 어렵다. 우리가 믿는 바대로 정부청렴성이 높으면 더 많은 윤리규정과 더 많은 감시자들이 정부공무원의 정직성을 높이는 데 기여하고 있음은 자명하다. 최소한 미국에서 새로운 규제와 새로운 윤리집행기관들이 정부의 윤리성을 높인 것은 사실이다.

미국은 이익충돌을 공직윤리의 핵심에 놓고 이를 사실상 공무원들의 행위를 규제하는 가장 강력한 통제장치로 활용하고 있다. 그 결과 공직윤리가 지나치게 이익충돌에 좁게 한정되어 있다는 비판마저 나오고 있다.

역사적인 관점에서 공무원은 자신의 공적 지위를 이용해 개인적 이익(personal gains)을 추구하는 것을 막기 위해 설계된 법들을 만들어 운영하고 있다. 그러나 처음부터 이러한 법들이 만들어진 것은 아니다. 19세기 엽관주의(spoils system)의 성장과 불충분한 재정적 보호 장치들은 공직사회에 엄청난 부패증가를 초래하게 된다. 1883년 Pendleton Act의 제정으로부터 1960년대까지 의회와 연방 인사위원회는 공무원의 청렴성을 높이는 것이 국민신뢰를 회복하는 첩경이라고 판단하여 공무원의 행위를 통제하는 새로운 법과 규정을 점진적으로 강화하였다. 1939년 Hatch Act는 대다수 공무원이 정치캠페인에 적극적으로 참여하는 것을 금지하도록 하였다. 1950년대 초부터 정부 공무원이 관여된 재정적 이익충돌을 예방하기 위한 개혁적 노력들이 추진된다. Truman과 Eisenhower 행정부 공무원이 연루된 이익충돌 스캔들(conflict of interest scandals)은 연방정부의 윤리규정을 더욱더 강화하고자 하는 목소리를 불러일으켰다. 정부의 국민신뢰를 보호하려는 이러한 노력들은 John F. Kennedy와 Lyndon Johnson 행정부 아래에서 공무원의 공적 임무와 재정적 이익 사이에 이익충돌을 예방하기 위해 행정 명령을 내렸다. 이것이 미국의 윤리개혁의 시초였다.

2. 한국의 반부패 정책의 한계와 청렴정책의 전환

부패는 공공부문과 민간부문이 만나는 곳에서 일어난다. 즉 뇌물에 대한 동기는 바로 공무원이 이익이나 손해를 민간부문에 분배하는 임의적인 자유재량권을 가질 때 생긴다.[144) 따라서 부패는 공무원의 통제하에 있는 이익과 손해의 크기에 달려 있으며 민간기업과 개인은 이러한 이익을 획득하고 손해를 피하기 위해 공무원에게 뇌물을 기꺼이 주고자 한다. 이러한 이론적 기반 아래 공무원의 자유재량권을 축소하고, 법 규정을 좀 더 투명하게 하고, 견제와 균형의 정책을 추진(checks & balances)하는 것 등의 부패 정책이 추진되었다.

부패와의 싸움은 그 자체가 하나의 목적이 아니다. 부패와의 투쟁은 더 효율적인 정부를 만들기 위한 광범위한 목표의 한 부분에 불과하다.[145) 부패의 폐해는 일일이 나열하지 않아도 알 수 있으며 그러한 점만으로도 부패를 없애야 하는 것은 주지의 사실이다. 그동안 우리는 부패를 정의하는 데서부터 부패예방의 출발점이라는 생각에서 부패의 개념들을 그려 냈고, 그것에서 부패를 없애는 출발점으로 삼았었다. 공직은 공적 서비스를 제공하여 공익을 실현하

---

144) Andrei Shlifer & Robert W. Vishny, '*Corruption*'(Quarterly Journal of Economics, C Ⅷ : 1993), p.599.

145) Susan Rose–Ackerman, "*The Political Economy Corruption*"(Kimberly and Eliott ed. Corruption and Global Economy : 1997), p.31.

는 것이라고 말한다. 공익이란 곧 민주주의 국가의 전제로서 시민 전체의 보편적인 이익을 의미한다고 볼 수 있다. 따라서 이러한 맥락에서 부패의 정의는 공익의 희생 아래 사적인 이익을 추구하는 행위로 정의될 수 있을 것이다. 희생된 공익의 크기는 파급효과까지 고려할 때 불분명하다. 예를 들어 성수대교 붕괴처럼 공직자의 부정행위가 공익의 훼손으로 드러나는 데 많은 시간이 걸린다. 어쩌면 운 좋게 드러나지 않을 수도 있을 것이다.

따라서 공익의 훼손 정도보다 공무원이 얻은 사익에 비중을 두게 된다. 그러한 사익 가운데 가장 명시적으로 수용되는 것이 금전적인 형태의 것이다. 금전적인 사익의 추구가 부패의 대표적인 형태가 된 것은 가치의 표준으로 화폐가 바로미터가 되기 때문이며 공무원이 특정한 민간인에게 혜택을 베풀고 이에 대해 민간인은 금전적으로 보상하는 형태를 취하는 부패의 전형으로 자리 잡았다. 따라서 민간으로부터 얻는 금전적 이득이 반부패정책의 근간이 되었으며 이러한 금전적 이득에 대한 대책을 중심으로 전개되었다.

그러나 이러한 금전적 이익 중심의 사익은 더 이상 공무원이 취하는 이익의 중심에 서 있지 못하게 되었다. 오히려 무형적인 이익(intangible gains)들이 공무원의 의식에 더 결정적인 영향을 미친다. 예를 들어 공무원이 현금으로 뇌물을 받고 공공조달의 편의를 봐준 것과 공무원이 퇴직을 대비하여 미래의 고용주에게 직무에서 취득한 정보를 전달하거나 고용주에게 유리한 결정을 내려 퇴임 후의 자리를 보장받았다면 어느 쪽이 공익에 대한 파급 효과가 크겠는가? 공무원에게 상거래의 방식을 빌려 물품이나 서비스를 염가로 판매하거나 공무원의 물품이나 서비스를 고가로 매입하는 형태를 취할 수도 있다. 공무원의 직무와 관련된 기업에서 공무원의 친인척을 고용할 수도 있다. 고위 공무원이 기업의 지분을 소유하고 있고 해당 기업과 관련된 유리한 정책이 결정되었다면 어떠하겠는가? 공무원이 민간인과 관계하지 않으면서 직무행위의 권한과 정보를 이용하여 공무원 자신의 자산 가치를 증식시키는 행위를 할 수 있다. 예를 들어 공무원이 도시계획을 추진하면서 자신의 소유지의 재산적 가치를 증가시키는 방향으로 일을 할 수 있다. 또한 공무원이 업무에서 취득한 정보를 타인에게 전달하여 타인이 특혜를 받는 경우도 있다.

이러한 유형의 부패행위들은 공무원의 행위가 보이지 않는 영향을 미치는 것이며 눈에 보이는 금전적 이익보다 무형적 이익들이 더욱 중요하다는 점을 암시하고 있다. 따라서 전통적인 부패정의의 시각에서 이루어진 통제적 접근 방식에는 한계를 드러낸다.

우리는 이제 부패의 패러다임이 바뀌어야 하는 전환기에 서 있다. 부패의 대립 명제는 청렴이며 청렴의 실현 방법은 법을 지키는 것이다. 그런데 법이란 국민적 공감대 위에서 형성된 것이며 국민의 의식을 관통하는 실천적인 정의를 내리고 국민들 스스로 부정직하다고 인식하는 것이다. 미국의 예를 들어 보자. 공무원이 업무 관련자로부터 골프접대를 받거나 여행경비를 지원받는 경우 기소되어 재판을 받게 된다. 단순히 도덕적이며 양심의 문제라고 볼 수 있는 공무원의 무형적 이익의 영역을 행정의 공정성을 해하는 행위로 간주하고 있다. 따라서 그동안 금전적 이익의 범주에 머물렀던 반부패 정책은 공공의 신뢰를 얻는 좀 더 넓은 개념으로의 전환이 불가피한 실정이다. 이러한 공공의 신뢰의 핵심에는 이익충돌

(conflicts of interest)의 메커니즘이 있다. 공무원의 심리적 판단은 국민으로부터 신탁받은 업무를 이행하여 공공의 이익을 실현하는 것이다. 이러한 공익을 보호하기 위해서는 공무원이 취임하기 전부터 공무원 후보자의 재산이 자신이 맡을 직무와 충돌할 수 있는지를 검토하고, 퇴직 후에는 근무한 경력을 이용하여 공정성을 훼손할 수 없도록 유기적으로 빈틈없이 관리되어야 한다.

모든 국가는 어떤 행위가 합법이고 언제 불법적인 행위로 분류해야 할지를 결정해야 한다.[146] 국가에 따라 청렴의 수준은 차이가 많다. 그러한 청렴 수준은 각 국가의 문화와 제도를 반영한 것이다. 미국에서 이익충돌법이 없다고 가정하였을 때 우리는 어떠한 상상을 하게 될까? 지금과 같은 청렴의 의미를 가질 수 있을까?

국민의 의식을 관통하는 것은 법과 제도이다. 미국에서 청렴이 법을 지키는 것으로 이해하듯 새로운 청렴 정책(integrity policy)은 고도화된 청렴의 법을 필요로 한다.

한국의 경제규모가 말해 주듯 이제 선진국의 그것과 비교해도 손색이 없다. 따라서 선진 사회에서 발생하는 다양한 부조리상들이 우리 사회에 등장하고 있으며 이러한 상황 아래에서 부패 중심의 정책에서 국민의 눈높이에 맞는 청렴정책으로의 전환이 절실히 요청된다.

---

146) Susan Rose－Ackerman, "*The Political Economy Corruption*"(Kimberly and Eliott ed. Corruption and Global Economy: 1997), p.31.

 윤리 딜레마 탈출 － 이익충돌(conflicts of interest)의 지혜 －

역대 미국 정부의 중요 윤리적 사건

1795   Edmund Randolph 국무부장관은 미국이 영국과 조약을 맺는 것을 반대하는 프랑스로부터 돈을 받았다는 의혹을 받고 사임.

1829   Andrew Jackson 대통령은 정치적 충성심이 정부공직자의 자질임을 만드는 spoils system(엽관주의)을 확대.

1856   James Buchanan 민주당 대통령 후보자의 선거 캠페인 관련 정치부패가 발생하고 의회의 정치부패조사위원회의 조사활동 전개.

1869   금값 폭락으로 Grant 대통령과 그 일가의 금 투기업자 James Fisk Jr와 Jay Gould 지원 여부 조사 전개.

1872   Credit Mobilier Company가 대륙횡단 철도기금을 사용하고 의회의 건설비용 조사를 막기 위해 회사주식을 액면가 이하로 의원들에게 판매.

1876   Ulysses S. Grant 대통령의 개인비서 Bab cock은 Whiskey Ring tax 사기에 가담.

1883   Chester A. Arthur 대통령은 Pendleton Act에 서명.

1906   Theodore Roosevelt 대통령은 식품의약국(FDA)창립법에 서명.

1907   Theodore Roosevelt 대통령은 기업으로부터 정치기부금을
       받지 말 것을 제안하고 의회는 Tillman Act를 제정.

1922   Albert Fall 내무부장관은 Wyoming 유전을 자신과 친분
       이 있는 정유회사 Teapot Dome 정유회사와 리스 계약.

1925   의회는 연방부패처벌법(Federal Corrupt Practices Act)을
       제정.

1939   의회는 대다수 연방공무원이 정치활동에 참여하는 것을
       금지하는 Hatch Act를 제정.

1949   Harry Truman 대통령의 안보보좌관 Harry Vaughan 장
       군은 친구들이 자신의 공직을 이용하도록 허용했다는 혐
       의에 대해 상원의 조사.

1958   Eisenhower 대통령 비서실장 Sherman Adams는 자신의 친
       구를 대신해 정부규제기관과 접촉했다는 논란으로 사임.

1961   대법원은 Dixon-Yates 전기계약건은 계약협상 시 예산
       국의 파타임 컨설턴트로 고용된 일부 직원의 이익충돌
       (conflict of interest)이 존재하여 Eisenhower 행정부에 계
       약취소를 요청.

1961   John F. Kennedy 대통령은 정부윤리자문위원회(advisory
       panel on ethics)를 구성하고 공무원의 윤리강령을 담은
       행정명령(Executive Order 10939)을 공포.

1962   John F. Kennedy 대통령은 연방뇌물법과 이익충돌법(bribery
       and conflict of interest law)의 주요 개정안에 서명.

1963   상원의원 Bobby Baker가 재정적 이익(financial interest)을
       가지고 있는 자판기회사의 계약을 따내기 위해 영향력을

행사했다는 의혹이 제기되어 1966년 연방법원은 유죄선고.

1965   Lyndon Johnson 대통령은 공무원의 윤리강령(Executive Order 11222) 공포.

1969   대법관 Abe Fortas는 이익충돌(conflict of interest) 위반으로 사임.

1972   Nixon 대통령은 연방선거법(Federal Election Campaign)에 서명.

1973   Archibald Cox 하버드대 법대교수가 watergate 특별검사로 임명되었으나, 소위 'saturday night massacre'로 휴스턴의 변호사 Leon Jaworski로 특별검사를 교체.

1974   Nixon 대통령 사임.

1977   Jimmy Carter 대통령은 고위공직 지명 및 임명자들을 위한 신윤리지침(New Ethics guidelines)을 발표.

1978   Jimmy Carter 대통령은 정부윤리법(The Ethics in Government)에 서명.

1980   Jimmy Carter 대통령은 동생 Billy Carter의 Libyan 정부를 위해 활동했다는 의혹을 부인하는 성명 발표.

1986   레이건 대통령 비서실장 Michael Deaver를 조사하고 Iran-Contra 사건을 조사하기 위해 Whitney North Seymour Jr.와 Lawren Walsh을 각각 독립검사(independent counsel)로 임명.

1988   대법원은 독립검사법(The Independent Counsel law)이 헌법에 합치된다고 판결(*Morrison v Olson*).

1989   하원 민주당 대변인 Jim Wright는 하원윤리규정을 위반

혐의로 사임.

George Bush 대통령은 정부윤리법(The Ethics in Government) 개정.

1991 연방윤리청은 새로운 공무원의 윤리강령을 공포.

Bush 대통령 비서실장 John Sununu는 Sununu의 여행에 대한 논란으로 사임.

1993 백악관 여행국 직원 7인 사임.

백악관 부실장 Vincent Foster 워싱턴 공원에서 자살.

1994 Clinton 대통령은 신독립검사법 서명 후 White water 조사를 위해 Kenneth Starr가 독립검사로 임명.

Mike Espy 농림부장관은 농림부의 규제대상인 기업으로부터 부적절한 선물(improper gifts)을 받은 후 사임.

1999 Clinton 대통령은 상원의 탄핵 재판.

2006 로비스트 J. Abramoff 스캔들로 '행정부·의회·로비스트' 간의 철의 삼각구조 밝혀짐.

하원원내대표 공화당 Tom Delay 의원 자금세탁 및 아브라모프 연루의혹으로 정계 은퇴.

곽형석 ──

▌약 력

　　고려대학교 국어교육학과 졸업
　　충남대학교 행정학 석사
　　성균관대학교 행정학 박사 수료
　　미국 아메리칸 대학교 국제범죄와 부패연구소 초빙연구원
　　(2005. 08 ～ 2007. 07)
　　행정고시 36회
　　대전광역시 교육청 학사계장
　　국무총리실 정무과장
　　부패방지위원회 제도개선 담당관
　　현) 국민권익위원회 부패영향분석과장

윤리
딜레마 탈출

초판인쇄 | 2010년 2월 16일
초판발행 | 2010년 2월 16일

지은이 | 곽형석
펴낸이 | 채종준
펴낸곳 | 한국학술정보㈜
주　소 | 경기도 파주시 교하읍 문발리 파주출판문화정보산업단지 513-5
전　화 | 031) 908-3181(대표)
팩　스 | 031) 908-3189
홈페이지 | http://www.kstudy.com
E-mail | 출판사업부　publish@kstudy.com
등　록 | 제일산-115호(2000. 6. 19)

ISBN　978-89-268-0812-2 03330 (Paper Book)
　　　　978-89-268-0813-9 08330 (e-Book)

이담 Books 는 한국학술정보(주)의 지식실용서 브랜드입니다.